Duden

Schulgrammatik extra

Französisch

5. bis 10. Klasse

Grammatik

Texte schreiben und untersuchen

Wortfelder und Redewendungen

Dudenverlag Mannheim · Leipzig · Wien · Zürich

DUDEN PAETEC Schulbuchverlag Berlin · Frankfurt a.M.

Bibliografische Information der Deutschen Nationalbibliothek
Die Deutsche Nationalbibliothek verzeichnet diese Publikation in der Deutschen Nationalbibliografie; detaillierte bibliografische Daten sind im Internet über http://dnb.ddb.de abrufbar.

Nach den ab 1.8.2006 gültigen Rechtschreibregeln.

 D C B A

Redaktionelle Leitung Heike Krüger-Beer
Redaktion Veronika Kirschstein
Autorinnen Evelyne Babary-Toebe, Dr. Alice Velazquez-Bellot (Kapitel: Grammatik), Saskia Kruse (Kapitel: Texte schreiben und untersuchen), Ursula Schüro (Kapitel: Wortfelder und Redewendungen)

Herstellung Tobias Kaase
Layout Peter Lohse
Umschlaggestaltung Sven Rauska

Satz FROMM MediaDesign, Selters im Taunus
Druck und Bindung Firmengruppe APPL, Wemding
Printed in Germany

ISBN: 978-3-411-72771-1

Überschrift

Überschriften bieten dir eine gute Orientierung: Es gibt eine Hauptüberschrift, der eine Ziffer vorangestellt ist, und zwei Unterüberschriften, die mit zwei oder drei Ziffern angezeigt werden.

Kolumnentitel

Die Angaben links und rechts oben auf einer Seite geben unterschiedliche Informationen: Links oben wird dir angezeigt, wie die Hauptüberschrift lautet, rechts oben siehst du das Thema der Seite.

GRAMMATIK

Besondere Formen

Einige Verben auf *-er* haben **verschiedene Stämme** für die **stammbetonten** *(je, tu, il, elle, on, ils, elles)* und die **endungsbetonten** *(nous, vous)* Formen.

■ Die Verben, deren Infinitivstamm auf *-c* bzw. *-g* endet, werden in der 1. Person Plural *(nous)* zum Erhalt der Aussprache mit *-ç* bzw. *-ge* geschrieben. Ebenso: *lancer, ranger*	commencer (beginnen) → nous commençons prononcer (aussprechen) → nous prononçons manger (essen) → nous mangeons corriger (korrigieren) → nous corrigeons	
■ Die Verben mit stummem *-e* oder *-é* in der letzten Stammsilbe (z. B. *acheter, préférer*) verändern ihren Stamm bei den stammbetonten Formen. Ebenso: *lever, peser*	j'achète tu achètes il/elle/on achète nous achetons vous achetez ils/elles achètent	je préfère tu préfères il/elle/on préfère nous préférons vous préférez ils/elles préfèrent
■ Die Verben *appeler* (rufen) und *jeter* (werfen) **verdoppeln den Konsonanten** am Ende des Stammes bei den stammbetonten Formen. Ebenso: *se rappeler* (sich erinnern), *épeler* (buchstabieren), *projeter* (projizieren)	j'appelle tu appelles il/elle/on appelle nous appelons vous appelez ils/elles appellent	je jette tu jettes il/elle/on jette nous jetons vous jetez ils/elles jettent
■ Bei den Verben, deren Infinitivstamm auf *-y* endet (z. B. *envoyer*), wird das *-y* zu *-i* bei den stammbetonten Formen. Bei *-ay* (z. B. *payer*) existiert die Form mit *-y* ebenfalls. Ebenso: *essuyer* (abtrocknen, abwischen), *essayer* (versuchen)	j'envoie tu envoies il/elle/on envoie nous envoyons vous envoyez ils/elles envoient	je paie/paye tu paies/payes il/elle/on paie/paye nous payons vous payez ils/elles paient/payent

7.1.2 Das Präsens der Verben auf -ir (le présent des verbes en -ir)

Die ca. 300 Verben auf *-ir* gehören der **2. Gruppe** an und zählen zu den regelmäßigen Verben. Sie sind häufig und werden im Präsens wie *finir* konjugiert.

finir (beenden)

Singular	Plural
je finis tu finis il/elle/on finit	nous finissons vous finissez ils/elles finissent

Bildung und Aussprache

Der Stamm des Verbs *fin-* wird mit den Endungen *-is, -is, -it, -issons, -issez, -issent* ergänzt.	je finis, tu finis, il/elle finit → [fini] nous finissons → [finisõ] vous finissez → [finise] ils/elles finissent → [finis]

Kapitelmarke und Kapitelbezeichnung

Jedes Kapitel wird durch eine Startseite in einer eigenen Farbe eingeleitet und durch die Kapitelmarke auf jeder Seite des Kapitels angezeigt. Bei jedem Kapitel wechselt die Farbe und damit die Kapitelmarke. Außerdem wird bei jeder Kapitelmarke das Thema des Kapitels genannt, in dem du dich gerade befindest.

Regel/Beispiel

Auf dem lilafarbenen Hintergrund steht immer die Erklärung oder Regel, auf dem weißen Hintergrund – auf der gleichen Zeile daneben oder darunter – erläutert ein Beispiel den Sachverhalt.

Am Ende folgt auf den Seiten 124–126 ein Register mit allen wichtigen Suchbegriffen. So kannst du gezielt die Seite finden, auf der du Auskunft zu einer bestimmten Fragestellung erhältst.

Eine Liste unregelmäßiger Verben ist eine schnell auffindbare Ergänzung des Grammatikteils auf dem hinteren Buchdeckel.

Inhalt

Grammatik

Texte schreiben und untersuchen

Wortfelder

GRAMMATIK

1 Der Begleiter (le déterminant)

Die französischen Substantive haben **nur zwei** grammatische Geschlechter, **Maskulinum** und **Femininum.** Das Geschlecht eines Substantivs erkennt man an seinem Begleiter. Dieser passt sich in Geschlecht und Zahl dem Substantiv an.

BLICKPUNKT

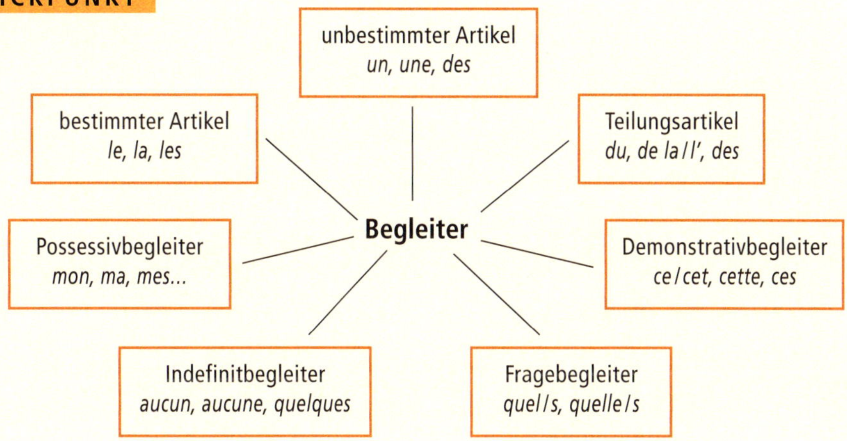

1.1 Der bestimmte Artikel (l'article défini)

Der bestimmte Artikel weist auf bestimmte Personen und Sachen hin.

Formen		
	Singular	Plural
Maskulinum	le l' (vor Vokal oder stummem *h*)	les
Femininum	la l' (vor Vokal oder stummem *h*)	les

BESONDERS NÜTZLICH

Die Aussprache

- *le* und *les* werden unterschiedlich ausgesprochen:
  le [lə] (wie in k**ö**nnen)
  les [le] (wie in T**ee**)
- Steht *les* vor einem Vokal oder einem stummen *h*, so wird das *-s* **stimmhaft** in der Bindung mit dem folgenden Wort gesprochen, z. B. les arbres [lezaʀbʀ], les hôtels [lezotɛl].

Gebrauch

Der bestimmte Artikel steht bei:	
■ **Kontinenten, Ländern und Regionen.** Bei **Ländern,** deren Genus **Femininum** ist, entfällt der Artikel nach den Präpositionen *en* und *de* (↑ S. 69).	l'Europe, **la** France, **le** Languedoc Il est **en Allemagne.** Il revient **de Suède.**
■ bei Beschreibungen von **Körperteilen,**	Elle a **les** yeux bleus et **les** cheveux longs.
■ bei **Gattungsnamen,**	**Les** chiens sont fidèles.
■ nach *aimer, adorer* und *détester.*	Il aime **le** rock. Ils détestent **les** cigarettes.
In manchen Ausdrücken entfällt der bestimmte Artikel, z. B. bei *avoir peur, faim, soif, envie, mal.*	J'ai **peur** des chats. J'ai **faim**. Mais elle a **envie** d'un café. J'ai **mal** à la tête.

1.2 Der zusammengezogene Artikel (l'article contracté)

■ Stehen vor *le* und *les* die Präpositionen *à* oder *de*, so verschmelzen *le* und *les* mit den Präpositionen zu einem zusammengezogenen Artikel.	à + le → **au:** Il va **au** collège. à + les → **aux:** Nous allons **aux** Etats-Unis. de + le → **du:** Ils parlent **du** film. de + les → **des:** Ils discutent **des** problèmes.
■ *la* und *l'* verschmelzen nicht.	Elle pense **à la** fête, elle ne pense pas **à** l'école.

1.3 Der unbestimmte Artikel (l'article indéfini)

Der unbestimmte Artikel weist auf eine unbestimmte Person oder Sache hin und hat im Unterschied zum Deutschen eine **Pluralform.**

Formen

	Singular	Plural
Maskulinum	un	des
Femininum	une	des

Merkmale der Verneinung

un/une/des wird in der Verneinung zu *pas de/plus de* (↑ S. 9, 72). Im Deutschen wird *pas de* mit „kein"/„keine" übersetzt, *plus de* mit „kein mehr"/„keine mehr".	Il a **un** vélo. → Elle n'a **pas de** vélo. As-tu **des** questions ? → Je n'ai **plus de** questions.

1.4 Der Teilungsartikel (l'article partitif)

Im Französischen drückt der Teilungsartikel *du, de la/l', des* eine **unbestimmte Menge eines nicht zählbaren Stoffes** aus. Im Deutschen gibt es diesen Artikel nicht. Unbestimmte Mengen stehen im Deutschen ohne Artikel.

Gebrauch	
Der Teilungsartikel steht ■ bei einer **unbestimmten Menge,**	J'achète **du fromage, de la salade** et **des fruits.** (Ich kaufe **Käse, Salat** und **Früchte.**)
■ bei **abstrakten Begriffen.**	Aujourd'hui je fais **de la musique.**
Nach einer Mengenangabe steht **nur** *de* oder *d'* vor dem Substantiv. Mengenangaben sind: – *pas de, plus de,* – *beaucoup de, peu de,* – *assez de, trop de,* – *un kilo de, une bouteille de.*	Il ne boit **plus de** coca. (**kein** Cola mehr) Elle a **beaucoup d'**énergie. (**viel** Energie) Vous avez **assez d'**expérience? (**genug** Erfahrung) Je voudrais **un kilo de** pommes. (**ein Kilo** Äpfel)
■ Nach *sans* steht **nie** der Teilungsartikel. ■ Nach *avec* steht im Unterschied zum Deutschen der Teilungsartikel, jedoch **nicht** bei abstrakten Begriffen.	Un café **sans sucre,** s'il vous plaît. Et **avec du** lait? **Avec** plaisir!
■ Nach *bien* und *la plupart* steht der Teilungsartikel.	**Bien des** étudiants parlent anglais. (**Ziemlich viele** Studenten sprechen Englisch.) **La plupart du** temps on travaille en groupe. (**Die meiste Zeit** arbeiten wir in der Gruppe.)

1.5 Der Possessivbegleiter (le déterminant possessif)

Der Possessivbegleiter gibt an, **wem etwas gehört.** Er steht vor dem Substantiv und passt sich in Geschlecht und Zahl diesem Substantiv an.

Formen

Maskulinum Singular		Femininum Singular		Maskulinum/Femininum Plural	
mon	(mein)	ma	(meine)	mes	(meine)
ton	(dein)	ta	(deine)	tes	(deine)
son	(sein, ihr)	sa	(seine, ihre)	ses	(seine, ihre)
notre	(unser)	notre	(unsere)	nos	(unsere)
votre	(euer, Ihr)	votre	(eure, Ihre)	vos	(eure, Ihre)
leur	(ihr)	leur	(ihre)	leurs	(ihre)

Merkmale und Gebrauch	
■ Der Possessivbegleiter steht **vor** dem Substantiv und richtet sich **ausschließlich nach diesem.** Das Besitzobjekt ist maßgebend, nicht das Geschlecht des Besitzers.	Elle aime **son** travail. Il répare **sa** moto. (Sie liebt **ihre** Arbeit. Er repariert **sein** Motorrad.)
■ *votre* und *vos* werden auch in der Anrede benutzt.	Ce sont **vos** clés, Madame?
■ Vor weiblichen Substantiven, die mit Vokal oder stummem *h* beginnen, stehen *mon, ton, son* anstatt *ma, ta, sa.*	C'est **mon** amie Claire! (une amie) J'écoute **ton** histoire. (une histoire)

BESONDERS NÜTZLICH

Verwechslungsgefahr bei *leur*

leur kann leicht mit dem indirekten Objektpronomen (↑ S. 30) *leur* verwechselt werden. Sie haben dieselbe Form. *Leur* als Possessivbegleiter steht **vor einem Substantiv,** *leur* als Objektpronomen **steht vor oder nach einem Verb.**

C'est **leur** prof. (Das ist **ihr** Lehrer.) Il **leur** parle. (Er spricht **mit ihnen.**)

1.6 Der Demonstrativbegleiter
(le déterminant démonstratif)

Der Demonstrativbegleiter weist direkt auf eine Person oder einen Gegenstand hin, die schon genannt wurden und also **bekannt** sind. In Geschlecht und Zahl beziehen sie sich auf dieses Substantiv.

Formen

	Singular	Plural
Maskulinum	ce cet (vor Vokal oder stummen *h*)	ces
Femininum	cette	ces

Besonderheiten	
■ Beginnt ein maskulines Substantiv mit einem Vokal oder einem stummen *h*, so steht *cet.*	cet arbre, cet hôtel
■ *cet* und *cette* werden gleich ausgesprochen [sɛt].	
■ Der Demonstrativbegleiter kann durch Anfügen von *-ci* oder *-là* näher bestimmt werden.	ce livre-ci (dieses Buch hier), cette annonce-là (diese Anzeige dort)

1.7 Der Fragebegleiter quel (le déterminant interrogatif)

Der Fragebegleiter *quel* richtet sich in Geschlecht und Zahl nach dem Substantiv, auf das er sich bezieht.

Formen		
	Singular	Plural
Maskulinum	quel	quels
Femininum	quelle	quelles

Gebrauch	
■ *quel* wird sowohl attributiv (mit Substantiv) als auch prädikativ (mit *être*) gebraucht.	Tu fais **quel sport?** **Quelle est** ton équipe de foot préférée?
■ *quel* kann auch im Ausrufesatz stehen.	**Quelle** surprise!
■ *quel* wird im Deutschen mit unterschiedlichen Fragewörtern übersetzt (↑ S. 74).	**Quel** est ton nom? (Wie heißt du?) **Quel** jour sommes-nous? (Welcher Tag ist heute?)

1.8 Der Indefinitbegleiter (le déterminant indéfini)

Der Indefinitbegleiter bezeichnet eine **Anzahl** oder eine **Menge.** Er steht vor dem Substantiv, mit dem er in Geschlecht und Zahl übereinstimmt.

1.8.1 chaque, aucun/e und quelques, plusieurs

■ ***chaque*** ist unveränderlich.	**Chaque** élève était préparé. (jeder)
■ ***aucun/e*** steht mit dem Verneinungspartikel *ne* vor dem konjugierten Verb.	**Aucun** élève **n'**a compris. (kein) Mais **aucune** question **n'**a été posée. (keine)
■ ***quelques*** wird meistens im Plural gebraucht.	**Quelques** élèves sont malades. (einige)
■ ***plusieurs*** ist unveränderlich und steht immer im Plural.	**Plusieurs** filles sont absentes. (mehrere)

1.8.2 tout, toute, tous, toutes

■ *tout* steht **immer** gemeinsam **mit einem anderen Begleiter.** Es stimmt in Geschlecht und Zahl mit dem Substantiv, das es näher bestimmt, überein.	**tout** [tu] **le** week-end **toute** [tut] **la** nuit **tous** [tu] **mes** devoirs, **toutes** [tut] **ces** chansons
■ Im Singular bedeutet *tout/toute* „der/die/das Ganze".	J'ai fait du sport **tout** le temps/**toute** la journée.
■ Im Plural bedeutet *tous/toutes* „alle/jede/n/s".	**Tous** les week-ends je range **toutes** mes affaires!
■ Steht *tous* ohne Substantiv, wird das *-s* von *tous* ausgesprochen. *Tous* ist hier ein Pronomen (↑ S. 37).	Tous [tu] ces journaux, je les ai **tous** [tus] lus!
■ *tout* kann auch „alles" heißen und ist dann unveränderlich.	Il nous a **tout** expliqué. Nous avons **tout** compris.

BESONDERS NÜTZLICH

Feste Wendungen mit tout

Elle connaît **tout le monde.** (Sie kennt **alle/jeden.**)
Il bavarde **tout le temps.** (Er schwätzt **die ganze Zeit.**)
En tout cas nous pouvons partir ensemble. (**Auf alle Fälle** können wir gemeinsam gehen.)
Vous pouvez poser des questions **à tout moment.** (Ihr könnt **jederzeit** Fragen stellen.)

2 Das Substantiv (le substantif)

Alle Substantive, auch Nomen *(nom)* genannt, sind durch Geschlecht und Zahl gekennzeichnet. Sie stehen meistens zusammen mit einem Begleiter.

2.1 Das Geschlecht (le genre)

Das Geschlecht des Substantivs kann man leicht am Begleiter erkennen: Es ist entweder **feminin** oder **maskulin.** Das deutsche Neutrum existiert im Französischen nicht.

2.1.1 Das Geschlecht bei Sachen

Für die meisten Substantive gibt es keine festen Regeln. Häufig lässt sich das Geschlecht jedoch an den Endungen erkennen.

Maskulinum

Maskulin sind:

■ die meisten Substantive auf *-age*,	le gar**age**, le from**age** (aber: **la** plage, **la** page, **la** cage, **une** image)
■ alle Substantive auf *-eau*, *-ment*, oder *-on*,	le bur**eau**, le mo**ment**, le viol**on**
■ Wochentage,	le dimanche, le lundi, le mardi, le mercredi, le jeudi, le vendredi, le samedi
■ Sprachen,	le français, l'allemand, le chinois
■ Jahreszeiten,	le printemps, l'été, l'hiver, l'automne
■ Farben,	le rouge, le noir
■ Bäume,	le chêne, le sapin
■ Transportmittel.	le bus, l'avion

Femininum

Feminin sind:

■ die meisten Substantive auf *-e*,	la terrasse, la table (aber: **le** problème, **le** programme, **le** thème)
■ die meisten Substantive auf *-ée*,	la journ**ée**, la rentr**ée** (aber: **le** musée, **le** lycée)
■ alle Substantive auf *-ode*, *-ade* oder *-ude*,	la méth**ode**, la sal**ade**, l'habit**ude**
■ alle Substantive auf *-té*,	la bon**té**, la beau**té**
■ alle Substantive auf *-ette*,	la tromp**ette**, la bicycl**ette**
■ alle Substantive auf *-ion*,	la situat**ion**, la télévis**ion** (aber: **un** avion, **le** champion, **le** camion)
■ Ländernamen auf *-e*,	la France, l'Allemagne
■ Automarken/Autonamen,	la Peugeot, la Golf
■ Flüsse.	la Seine, la Moselle (aber: **le** Rhin, **le** Rhône)

BESONDERS NÜTZLICH

Die Schreibung und das Geschlecht von Substantiven im Französischen und im Deutschen

- **Schreibung:**
  Im Französischen werden alle Substantive **kleingeschrieben.** Nur Eigennamen, Nationalitäten, Länder, Städte, Flüsse und Automarken beginnen mit einem Großbuchstaben.

- **Geschlecht:**
  Viele Substantive haben im Französischen und im Deutschen **nicht das gleiche Geschlecht:**
  le soleil – **die** Sonne, **la** lune – **der** Mond, **le** citron – **die** Zitrone,
  un artichaut – **eine** Artischocke, **la** pomme – der Apfel, **la** salade – **der** Salat,
  la table – **der** Tisch usw.

2.1.2 Das Geschlecht bei Personen

■ Beim **natürlichen Geschlecht** gibt es für jedes Substantiv (= Person) eine eigene Form.	le père/la mère, le monsieur/la dame, le frère/la sœur
■ Meistens wird in der weiblichen Form ein *-e* an das männliche Substantiv angehängt.	un ami/une ami**e**
■ Oftmals ändert sich die Endung des Substantivs:	
– *-eur/-euse,*	un vend**eur**/une vend**euse**
– *-teur/-trice,*	un ac**teur**/une ac**trice**
– *-er/-ère,*	un bouch**er**/une bouch**ère**
– *-in/-ine,*	un vois**in**/une vois**ine**
– *-ien/-ienne,*	un music**ien**/une music**ienne**
– *-on/-onne.*	un champi**on**/une champi**onne**
■ Endet das Maskulinum auf *-e*, bleibt das Substantiv in der weiblichen Form gleich. Nur der Artikel ändert sich.	un architect**e**/une architect**e**
■ Einige Berufe lauten für Frauen und Männer gleich; sie haben **keine** weibliche Form.	un professeur, un ingénieur (aber: Madame le professeur)

2.2 Die Pluralbildung (la formation du pluriel)

Ein Substantiv kann im **Singular** oder im **Plural** gebraucht werden.

Bildung	
■ Bei den meisten Substantiven hängt man im Plural ein *-s* an, das jedoch nicht gesprochen wird.	le livre – les livre**s**, un balcon – des balcon**s**
■ Bei den Substantiven auf *-s, -z, -x* entspricht der Plural dem Singular.	le fil**s** – les fil**s**, le ne**z** – les ne**z**, le pri**x** – les pri**x**
■ Bei den Substantiven auf *-eau* und *-eu* hängt man im Plural *-x* an.	le bat**eau** – les bat**eaux**, le chev**eu** – les chev**eux** (aber: le pn**eu** – les pn**eus**)
■ Substantive auf *-al* werden zu *-aux.*	le journ**al** – les journ**aux** (aber: le b**al** – les b**als**)
■ Substantive auf *-ail* werden zu *-aux.*	le trav**ail** – les trav**aux** (aber: le dét**ail** – les dét**ails**)
■ Es gibt einige wenige Sonderformen.	monsieur – messieurs, madame – mesdames, mademoiselle – mesdemoiselles, un œil [œj] – des yeux [dezjõ]
■ Einige Substantive stehen immer im Plural.	**les** lunettes, **les** vacances, **les** mathématiques
■ zum Plural von zusammengesetzten Substantiven *(noms composés):* ↑ S. 122.	

3 Das Adjektiv (l'adjectif)

Adjektive beschreiben **Eigenschaften** eines Substantivs und richten sich in Geschlecht und Zahl immer nach diesem Substantiv.

3.1 Das Geschlecht (le genre)

Bildung

■ In den meisten Fällen bildet man das Femininum durch Anhängen eines *-e* an das Maskulinum.	un garçon français → une fille française
■ Beim weiblichen Adjektiv wird der Endkonsonant ausgesprochen.	vert(s) [vɛr] → verte(s) [vɛrt], grand(s) [grã] → grande(s) [grã:d]
■ Endet das Maskulinum auf *-e*, bleibt das Femininum unverändert. Die Aussprache bleibt ebenfalls gleich.	moderne, difficile, possible, triste, optimiste un ballon rouge → une maison rouge un exercice difficile → une musique difficile

Unregelmäßige Adjektivformen

Regel			Maskulinum	Femininum
ain	→	aine	proch**ain**	proch**aine**
ien	→	ienne	ital**ien**	ital**ienne**
éen	→	éenne	europ**éen**	europ**éenne**
on	→	onne	b**on**	b**onne**
eux	→	euse	séri**eux**	séri**euse**
ier	→	ière	prem**ier**	prem**ière**
er	→	ère	ch**er** [ʃɛʀ]	ch**ère** [ʃɛʀ]
teur	→	trice	direc**teur**	direc**trice**
et	→	ète	compl**et**	compl**ète**
f	→	ve	sporti**f**	sporti**ve**
s	→	sse	gro**s**	gro**sse**

Sonderfälle

■ Bei einigen Adjektiven unterscheiden sich die maskuline und die feminine Form stark voneinander.

beau	–	**belle**	fou	–	**folle**	nouveau	–	nouve**lle**
blanc	–	blan**che**	frais	–	**fraîche** (i → î)	sec	–	**sèche**
doux	–	dou**ce**	gentil [ʒãti]	–	genti**lle** [ʒãti]	vieux	–	vie**ille**
faux	–	fau**sse**	long	–	long**ue**			

■ Die **maskulinen Singularformen** der Adjektive *vieux, nouveau* und *beau* werden vor einem Substantiv, das mit einem Vokal oder stummem *h* beginnt, zu *vieil, nouvel* und *bel.*

un **vieux** pantalon	un **vieil** homme	une **vielle** chemise
un **nouveau** copain	un **nouvel** ami	une **nouvelle** élève
un **beau** château	un **bel** arbre	une **belle** statue

BESONDERS NÜTZLICH

Unveränderliche Adjektive

- Alle **Farbadjektive,** die von Substantiven abgeleitet werden, bleiben im Femininum Singular und Plural unverändert:
  orange, marron (Esskastanie), mauve (Malve)
  La cravate **marron** est en soie.
- Folgende Adjektive bleiben ebenfalls immer unverändert:
  extra (toll), super, sympa (sympathisch), bon marché (billig)
  Les chaussures **orange** sont **bon marché.**

3.2 Die Pluralbildung (la formation du pluriel)

Das Adjektiv richtet sich in der Zahl immer nach dem Substantiv.

Bildung	
■ Im Allgemeinen bildet man den Plural durch Anhängen eines *-s* an das Adjektiv.	un voyage cher → des voyages cher**s** une histoire intéressante → des histoires intéressante**s**
■ Endet das Maskulinum Singular bereits auf *-s* oder *-x*, bleibt es im Maskulinum Plural unverändert.	un livre françai**s** → des livres françai**s** un enfant heureu**x** → des enfants heureu**x**
■ Die meisten Adjektive auf *-al* bilden den Plural im Maskulinum auf *-aux*.	un écrivain origin**al** → des écrivains origin**aux** (aber: ban**al** → ban**als**, fin**al** → fin**als**)
■ Die Adjektive auf *-eau* bilden den Plural auf *-x*.	un nouv**eau** magasin → des nouv**eaux** magasins

3.3 Die Stellung (la place)

Merkmale und Gebrauch	
■ Die meisten Adjektive stehen **nach** dem Substantiv.	Ce sera une fête **joyeuse.** les yeux **bleus,** le fromage **français**
■ Einige sehr häufig gebrauchte und kurze Adjektive stehen **vor** dem Substantiv.	bon, mauvais, beau, joli, petit, grand, gros, jeune, vieux, dernier, nouveau le **joli** tailleur, ce **bon** vin, un **grand** voyage
■ Zahlen (↑ S. 22) stehen immer vor dem Substantiv.	les **trois** pyramides, la **première** rue à droite

Sonderfälle

Einige Adjektive ändern ihre Bedeutung, je nachdem, ob sie **vor** oder **nach** dem Substantiv stehen.

un **grand** homme → ein **bedeutender** Mann	un homme **grand** → ein **groß gewachsener** Mann
sa **propre** maison → sein **eigenes** Haus	sa maison **propre** → sein **sauberes** Haus
un **pauvre** homme → ein **armer** Mann	un homme **pauvre** → ein **bedauernswerter** Mann
une **seule** personne → eine **einzige** Person	une personne **seule** → eine **einsame** Person

BESONDERS NÜTZLICH

Das attributive und das prädikative Adjektiv

Bei den meisten Adjektiven gibt es im Satz drei Stellungsmöglichkeiten: **nach / vor** dem Substantiv und **nach** dem Verb *être*.

- Man spricht vom **attributiven** Gebrauch des Adjektivs, wenn es vor oder nach dem Substantiv steht.
  J'ai lu un livre **intéressant.**
  Je me suis acheté une **petite** voiture.
- Man spricht vom **prädikativen** Gebrauch des Adjektivs, wenn es **mit einem Verb** – meistens *être* – verbunden ist. In diesem Fall werden die verwendeten Adjektive an das Subjekt angeglichen.
  La question est important**e.**
  Ces rues sont petite**s.**
  Le roman est court.
  Tes meubles sont moderne**s.**

3.4 Die Adjektivergänzung (le complément de l'adjectif)

Gebrauch

Einige Adjektive können ergänzt werden mit:

- einem **Substantiv** bzw. **Eigennamen,** — La salle est pleine de **spectateurs.** Pierre est amoureux de **Pauline.**
- einem **Infinitiv.** — Ils sont contents de **partir.**
- Diese Ergänzungen werden oft mit *à* oder *de* angeschlossen:
  – mit *à,*
  agréable **à** (angenehm zu)
  comparable **à** (vergleichbar mit)
  contraire **à** (gegen)
  fidèle **à** (treu)
  prêt/e **à** (bereit zu)
  – mit *de.*
  amoureux/-euse **de** (verliebt in)
  capable **de** (fähig zu)
  content/e **de** (zufrieden mit)
  désolé/e **de** (betrübt über)
  fier/-ère **de** (stolz auf)
  heureux/-euse **de** (glücklich über)

3.5 Die Steigerung (le comparatif et le superlatif)

Zum Vergleich von Personen oder Dingen braucht man die Steigerungsformen des Adjektivs. Wie das Deutsche unterscheidet das Französische zwei Formen: den **Komparativ** und den **Superlativ.**

BLICKPUNKT

Komparativ

plus (+) moins (–) aussi (=)	+	Adjektiv	+	que que que

Superlativ

le plus/la plus/les plus le moins/la moins/les moins	+	Adjektiv

3.5.1 Der Komparativ (le comparatif)

Der regelmäßige Komparativ

Merkmale und Formen

- Der Komparativ ist die erste **Steigerungsstufe.**
- Er wird gebildet, indem man *plus, moins* oder *aussi* vor das Adjektiv setzt. Nach dem Adjektiv wird *que* (wie, als) verwendet. Das gesteigerte Adjektiv passt sich in Geschlecht und Zahl immer dem Substantiv an, auf das es sich bezieht.

  Lyon est **plus** grand **que** Bonn.
  (Lyon ist größer als Bonn.)
  Lyon est **moins** grand **que** Berlin.
  (Lyon ist kleiner als Berlin.)
  Lyon est **aussi** grand **que** Francfort.
  (Lyon ist genauso groß wie Frankfurt.)
  Ces fleurs sont plus **belles** que celles-ci.

- Der zweite Teil des Vergleichs wird gelegentlich weggelassen.

  Marie travaille **plus,** mais elle est **moins** riche (que son frère).

Der unregelmäßige Komparativ

Formen

Die Adjektive *bon* und *mauvais* haben unregelmäßige Steigerungsformen, sowohl im Komparativ als auch im Superlativ (↑ S. 19).

- ***bon/bonne*** (gut) wird mit ***meilleur/meilleure*** (besser) und ***moins bon/bonne*** (weniger gut) gesteigert.

  Les desserts sont **meilleurs** que la soupe.
  Mon gâteau est **moins bon** que le tien.

- ***mauvais/e*** hat zwei Bedeutungen: „schlimm" und „schlecht".
  - Bedeutet *mauvais/e* „schlimm", lautet der Komparativ ***pire*** (schlimmer).

    Claire est **pire** que Jacques.
  - Bedeutet *mauvais/e* „schlecht", lautet der Komparativ ***plus mauvais/e*** (schlechter).

    Cette sauce est **plus mauvaise** que celle-ci.

3.5.2 Der Superlativ (le superlatif)

Der regelmäßige Superlativ

Merkmale und Formen

- Der **regelmäßige Superlativ** von Adjektiven wird mit *le, la, les* und *plus/moins* + Adjektiv gebildet.
  C'est **le plus** beau garçon de la ville.
  L'hiver est la saison **la moins** agréable de l'année.
- Der zweite Teil des Vergleichs wird gelegentlich weggelassen.
  Ce musée est **le moins** intéressant (de la France).
- Wird das Adjektiv nachgestellt, wird der bestimmte Artikel des Substantivs wiederholt.
  le fleuve **le plus** long
  les voitures **les plus** rapides
- Wenn im Französischen zwei Personen oder Dinge verglichen werden, steht der Superlativ, im Deutschen steht in diesem Fall der Komparativ.
  Qui est **la plus** intelligente des deux? (Wer ist von den beiden die Klügere?)

Der unregelmäßige Superlativ

Formen

Die Adjektive *bon* und *mauvais* haben einen unregelmäßigen Superlativ.

- ***bon/bonne*** (gut) wird mit *le meilleur/la meilleure/les meilleur(e)s* (der/die/das beste/n) und *le/la moins bon/bonne* bzw. *les moins bons/bonnes* gesteigert.
  L'hôtel Costes est **le meilleur** du quartier.
  La tarte de Marie est **la moins bonne.**
- ***mauvais/e*** hat zwei Bedeutungen: „schlimm" und „schlecht".
  - Bedeutet *mauvais/e* „schlimm", lautet der Superlativ *le/la pire, les pires* (der/die/das schlimmste/n).
    Ces gamins **sont les pires.**
  - Bedeutet *mauvais/e* „schlecht", lautet der Superlativ ***le/la plus mauvais/e/les plus mauvais/es*** (der/die/das schlechteste/n).
    Ce vin est **le plus mauvais.**

4 Das Adverb (l'adverbe)

Anders als im Deutschen haben die Adverbien im Französischen eine **eigene Form,** die sie von der Form des Adjektivs unterscheidet. Es gibt **abgeleitete** und **ursprüngliche** Adverbien.

Merkmale

- Adverbien dienen zur **näheren Bestimmung**
  - eines **Verbs,** — Tu **fais bien** la cuisine.
  - eines **Adjektivs,** — Ta salade est **vraiment bonne.**
  - oder eines anderen **Adverbs,** — Nous mangeons **trop peu** de fruits.
  - eines ganzen **Satzes.** — **Heureusement,** ils vont venir.

Formen

Abgeleitete Adverbien

■ Sie werden gebildet durch das Anhängen der Endung ***-ment*** an die **weibliche Form** des **Adjektivs.**	froid → froid**e** → froide**ment** clair → clair**e** → claire**ment** aber: gentil → genti**lle** → genti**ment** bref → br**ève** → bri**èvement**
■ Endet die männliche Form auf *-e*, wird *-ment* an diese Form angehängt.	rare → rare**ment**
■ Adjektive, deren männliche Form auf *-i* oder *-u* endet, bilden das Adverb nach der maskulinen Form des Adjektivs.	poli → poli**ment** absolu → absolu**ment** aber: gai → gaie → gaie**ment**
■ Einige mehrsilbige Adverbien erhalten zusätzlich einen Akzent, der auch die Aussprache verändert.	précis → précise → précis**ément** énorme → énorm**ément**
■ Adjektive, die auf *-ant* oder *-ent* enden, bilden das Adverb auf *-amment* bzw. *-emment.*	courant → cour**amment** prudent → prud**emment** aber: lent → lentement
■ Einige Adjektive sind unregelmäßig und haben eine **ganz andere** adverbiale Form.	bon/bonne → **bien** meilleur/meilleure → **mieux** rapide → **vite** (auch: → rapidement)

Ursprüngliche Adverbien

■ Adverbien, die **nicht** von einem Adjektiv **abgeleitet** werden, nennt man ursprüngliche Adverbien. Es handelt sich um:	
– Adverbien des Ortes,	ici, là, là-bas, partout, en haut, en bas
– Adverbien der bestimmten Zeit,	hier, aujourd'hui, demain, maintenant
– Adverbien der unbestimmten Zeit,	déjà, encore, longtemps, souvent, tôt, tard
– Adverbien der Menge,	peu, assez, beaucoup, trop, très, plus, moins
– Adverbien der Art und Weise,	bien, mal, mieux, vite, ensemble
– Adverbien der Negation (↑ S. 72) und um	ne ... pas, ne ... plus, ne ... jamais
– Adverbien der Zusage.	oui, certainement, volontiers, bien sûr

BESONDERS NÜTZLICH

Adjektive, die als Adverbien verwendet werden

coûter **cher** (teuer sein)
travailler **dur** (hart arbeiten)
sentir **bon/mauvais** (gut/schlecht riechen)
voir **clair** (klar sehen)
chanter **faux** (falsch singen)
parler **haut/fort** (laut sprechen)

4.1 Die Stellung (la place)

Adverbien haben in der deutschen Satzstellung einen festen Platz: Sie stehen immer nach dem Verb. Im Französischen gibt es für einige Adverbien **feste Stellungsregeln,** andere können hingegen an **verschiedenen Positionen** stehen.

Merkmale	
■ **Meistens** stehen Adverbien **nach** dem **konjugierten** Teil des Verbs.	Il travaille **mieux.**
■ Dies gilt auch, wenn das Verb durch einen Infinitiv ergänzt wird oder in einer zusammengesetzten Form der Vergangenheit steht.	Ils veulent **toujours** sortir le soir. Elle a **peu** dormi. Il est **déjà** arrivé. Il a **souvent** réfléchi au problème.
■ Die Adverbien *aujourd'hui, demain, ensemble, hier, ici, là-bas, tard* und *tôt* stehen **nach** dem **Participe Passé** oder dem **Infinitiv.**	Ils vont arriver **ensemble.** Elle est partie **hier.** Il a plu **ici.** Je me suis levée **tôt.**
■ Die Adverbien *aujourd'hui, demain, hier, ici, là-bas* und *maintenant* können **auch** am **Satzanfang** stehen.	**Aujourd'hui,** nous avons assez travaillé. **Demain,** nous partons tôt. **Hier,** il a plu, **maintenant** il fait beau.
■ Adverbien, die sich auf den ganzen Satz beziehen, stehen **meistens am Satzanfang,** manchmal auch am Satzende. Sie werden mit einem Komma vom Satz abgetrennt.	**Heureusement,** ils ont gagné. **Alors,** ils sont contents. Les autres ont perdu, **malheureusement.**
■ Adverbien, die sich auf ein anderes Adjektiv oder Adverb beziehen, stehen **vor** ihrem Bezugswort.	Vous êtes **bien** gentils. Elle conduit **trop** vite.

4.2 Die Steigerung (le comparatif et le superlatif)

Adverbien werden genauso wie Adjektive gesteigert. Dazu benützt das Französische auch bei den Adverbien den **Komparativ** und den **Superlativ.**

Merkmale und Bildung	
Der Komparativ	
■ Der Komparativ ist die **erste Steigerungsstufe.** Dabei gibt es wie beim Adjektiv (↑ S. 18) drei Möglichkeiten: *plus, moins* und *aussi.*	Il court **plus** vite **que** moi. (schneller als) Je parle anglais **moins** couramment **que** Sophie. (weniger fließend) Elle nage **aussi** bien **que** son frère. (genauso gut)
■ Der Komparativ wird gebildet, indem man *plus, moins* oder *aussi* **vor** das Adverb setzt. **Nach** dem Adverb steht *que* (wie, als) und das **Bezugswort** des Vergleichs (zweiter Teil des Vergleichs).	
■ Der zweite Teil des Vergleichs kann durch das **unverbundene Personalpronomen** ersetzt werden (↑ S. 28).	Nous crions plus fort que **le prof.** → Nous crions plus fort que **lui.**

Merkmale und Bildung (Fortsetzung)

Der Superlativ

- Der Superlativ ist die **zweite Steigerungsstufe.**
- Der Superlativ wird gebildet, indem man *le plus* oder *le moins* vor das Adverb setzt. — Elle observe **le plus** précisément. Il se conduit **le moins** poliment.

BESONDERS NÜTZLICH

Sonderformen

- Die folgenden Adverbien werden unregelmäßig gesteigert:
  bien → mieux, le mieux — Il joue **mieux** aux échecs que moi. / C'est lui qui joue **le mieux.**
  peu → moins, le moins — Elle parle **moins** que maman. / C'est elle qui bavarde **le moins.**
  beaucoup → plus, le plus — Ils s'entraînent **plus** que les autres. / Ils s'exercent **le plus.**
- Die Formen *mieux, plus* und *moins* kommen in diesen Wendungen vor:
  de mieux en mieux / de plus en plus / de moins en moins (immer besser / mehr / weniger)
- *mal* im Sinne von „schlecht" wird regelmäßig gesteigert oder verglichen.
  Il prononce **plus mal** que les autres. (Er spricht schlechter aus als die anderen.)
  Il prononce **le plus** mal. (Er spricht am schlechtesten.)
- *mal* im Sinne von „schlimm" wird zu *pis / le pis.* Es kommt nur in diesen Wendungen vor.
  tant pis (Pech gehabt! / Halb so schlimm!) de mal en pis (immer schlimmer)

5 Das Zahlwort (l'adjectif numéral)

5.1 Die Grundzahlen (les nombres cardinaux)

0	zéro	18	dix-huit	91	quatre-vingt-**onze**
1	un / une	19	dix-neuf	92	quatre-vingt-**douze**
2	deux	20	vingt	...	...
3	trois	21	vingt **et** un / une	100	cent
4	quatre	22	vingt-deux	101	cent un
5	cinq	23	vingt-trois	110	cent dix
6	six	...	...	200	deux cents
7	sept	30	trente	201	deux cent un / une
8	huit	40	quarante	210	deux cent dix
9	neuf	50	cinquante	900	neuf cents
10	dix	60	soixante	1 000	mille
11	onze	70	soixante-**dix**	10 000	dix mille
12	douze	71	soixante **et onze**	100 000	cent mille
13	treize	72	soixante-**douze**	200 000	deux cent mille
14	quatorze	80	**quatre-vingts**	1 000 000	un million
15	quinze	81	quatre-**vingt**-un	10 000 000	dix millions
16	seize	82	quatre-vingt-deux	5 675 890	cinq millions six cent soixante-quinze mille huit cent quatre-vingt-dix
17	dix-sept	90	quatre-vingt-**dix**		

Merkmale

■ Mit den Grundzahlen (Kardinalzahlen) gibt man eine Anzahl oder Menge an.	
■ Die Grundzahlen sind unveränderlich. Ausnahme: *un/une*. Folgt einer Zahl mit *un/une* ein Substantiv, wird *un/une* dem Geschlecht des Substantivs angepasst.	Ils ont vingt et **un** jours de vacances. J'ai cinquante et **une** copines.
■ Bei *21, 31, 41, 51, 61, 71* steht zwischen Zehner- und Einerstellen *et*.	vingt **et** un/une, trente **et** un, quarante **et** un, cinquante **et** un, soixante **et** un, soixante **et** onze
■ Bei den restlichen Zahlen von *17* bis *100* werden Zehner- und Einerstellen mit einem Bindestrich verbunden.	dix-sept, soixante-dix, quatre-vingt-quatorze
■ *vingt* und *cent* erhalten im Plural ein *-s*. Wenn eine weitere Zahl folgt, wird kein *-s* angehängt.	quatre-vingt**s**, deux cent**s** quatre-vingt-dix-sept, deux cent cinquante
■ *mille* ist immer unveränderlich.	trois **mille** personnes
■ *million* erhält im Plural ein -s. Wenn ein Substantiv folgt, wird dieses mit de angeschlossen.	trois million**s** six millions d'oiseaux, huit millions **d'**habitants

BESONDERS NÜTZLICH

Aussprache und Besonderheiten

- Bei *cinq* [sɛ̃**k**], six [si**s**], sept [sɛ**t**], huit ['ɥi**t**], neuf [nœ**f**] und dix [di**s**] wird der Endkonsonant generell gesprochen, wenn sie allein stehen.
  Ils sont six [ilsõdi**s**].

- Bei *six, huit* und *dix* bleibt der Endkonsonant jedoch stumm, wenn ein Wort folgt, das mit Konsonant beginnt.
  six livres [silivʀ], huit mois ['ɥimwa], dix fautes [difot]

- Bei *six* und *dix* wird der Endkonsonant vor Vokal und stummem *h* gesprochen.
  six amis [si**z**ami], dix hommes [di**z**ɔm]

- *neuf* wird nur vor *ans* und *heures* gebunden.
  neuf heures [nœ**v**œʀ], neuf ans [nœ**v**ã]

- *vingt* und *cent* werden vor Vokal und stummem *h* gebunden.
  quatre-vingts ans [katʀvɛ̃**t**ã], trois cents hôtels [tʀwsã**z**otel]

- Für *70, 80, 90* gibt es in der französischsprachigen Schweiz und in Belgien eigene Wörter.
  septante, huitante, nonante

5.2 Die Ordnungszahlen (les nombres ordinaux)

1er	le premier	15^{e}	le/la quinzième
1ère	la première	16^{e}	le/la seizième
2^{e}	le/la deuxième	17^{e}	le/la dix-septième
$2^{nd/e}$	le/la second/e	20^{e}	le/la vingtième
3^{e}	le/la troisième	21^{e}	le/la vingt et **unième** [ynjɛm]
4^{e}	le/la quatrième	30^{e}	le/la trentième
5^{e}	le/la cinquième	40^{e}	le/la quarantième
6^{e}	le/la sixième	70^{e}	le/la soixante-dixième
7^{e}	le/la septième	71^{e}	le/la soixante et **onzième**
8^{e}	le/la huitième	80^{e}	le/la quatre-vingtième
9^{e}	le/la neuvième	81^{e}	le/la quatre-vingt-**unième**
10^{e}	le/la dixième	90^{e}	le/la quatre-vingt-dixième
11^{e}	le/la onzième	91^{e}	le/la quatre-vingt-**onzième**
12^{e}	le/la douzième	100^{e}	le/la centième
13^{e}	le/la treizième	1000^{e}	le/la millième
14^{e}	le/la quatorzième		

Bildung

■ Mit den Ordnungszahlen gibt man eine Rangordnung oder Reihenfolge an.	
■ Die Ordnungszahlen werden gebildet, indem man die Endung ***-ième*** an die jeweilige Grundzahl anhängt.	deux**ième** aber: un/une → premier/première cinq → cinquième, neuf → neuvième
■ Bei Grundzahlen, die auf -e enden, entfällt das -e.	onze → onz**ième**
■ ***Deuxième*** wird bevorzugt benutzt. ***Second/e*** kommt in einigen feststehenden Ausdrücken vor.	un élève de **seconde** (année scolaire) les secondes **classes** (train, bateau, avion)
■ Der Artikel wird nie apostrophiert.	**le h**uitième, **la o**nzième
■ Die Ordnungszahlen stimmen in ihrem **Genus** und **Numerus** mit dem Substantiv überein.	**le** huitième jour, **la** huitième semaine **les** premier**s** jours, **les** premièr**es** fleurs

Gebrauch

■ Während im Deutschen nach der Ordnungszahl ein Punkt steht, werden im Französischen die **Abkürzungen** der Ordnungszahlen des Wortes **hochgestellt.**	1er, 1ère, 2e, 10^{e}
■ Wie im Deutschen steht im Französischen bei **Datumsangaben** für den **ersten Tag des Monats** die Ordnungszahl.	le **premier** janvier, le **premier** mai, aber: le **trois** janvier, le **deux** mai
■ Die Ordnungszahlen stehen für den **ersten Träger eines Herrschernamens.**	François Ier (premier), Napoléon Ier (premier) aber: Louis **XIV** (quatorze)

5.3 Die Bruchzahlen (les nombres fractionnaires)

Bildung und Gebrauch

■ Bei Brüchen ist der **Zähler gleich Grundzahl** (↑ S. 22) und der **Nenner gleich Ordnungszahl** (↑ S. 24). Wenn der Zähler größer als 1 ist, erhält die Ordnungszahl ein *-s* im Plural.	1/5 **un cinquième,** 1/6 **un sixième,** 1/1000 **un millième** aber: 1/2 un **demi,** 1/3 un **tiers,** 1/4 un **quart** 2/5 deux cinquième**s,** 4/6 quatre sixième**s,** 3/4 trois quart**s**

5.4 Die Datumsangabe (la date)

Bildung und Gebrauch

■ Bei der Angabe des **Datums** mit Monat steht immer der bestimmte Artikel.	Je finis le cours **le** 8 novembre. Il revient **le** samedi 23 mai.
■ Für die **Datumsangabe** verwendet man *nous sommes le* + Datum oder *on est le* + Datum.	**Nous sommes le** combien aujourd'hui? **On est le** 3 juin.
■ Die **Wochentage** lauten: lundi, mardi, mercredi, jeudi, vendredi, samedi, dimanche. Ist ein regelmäßiger Wochentag gemeint, steht vor dem Wochentag ***le.***	**Le jeudi,** je suis à Berlin. (jeden Donnerstag) aber: **Mardi,** je suis à Paris. (nächsten Dienstag)
■ Im Französischen werden die **Monate** kleingeschrieben und lauten: janvier, février, mars, avril, mai, juin, juillet, août, septembre, octobre, novembre, décembre.	
■ Monatsangaben erfolgen mit *en* oder *au mois de* + Monat.	Nous sommes **en** septembre. Nous sommes **au mois de** septembre.
■ Für den ersten Tag eines Monats (↑ S. 24).	

5.5 Die Zeitangabe (l'heure)

5.5.1 Die inoffizielle Zeitangabe

Im Französischen erfolgt die **umgangssprachliche** Zeitangabe anders als im Deutschen.

Bildung

1 h 00	**Il est** une heure.	1 h 25	**Il est** une heure vingt-cinq.
1 h 05	**Il est** une heure cinq.	1 h 30	**Il est** une heure et demie.
1 h 10	**Il est** une heure dix.	2 h 35	**Il est** deux heures moins vingt-cinq.
1 h 15	**Il est** une heure et quart.	2 h 40	**Il est** deux heures moins vingt.
1 h 20	**Il est** une heure vingt.	2 h 45	**Il est** deux heures moins le quart.
12 h	Il est **midi.**	24 h	Il est **minuit.**
12 h 15	Il est **midi et quart.**	24 h 30	Il est **minuit et demie.**

Merkmale und Gebrauch	
■ Die Zeitangabe erfolgt immer mit der festen Wendung *il est.*	**Il est** une heure. **Il est** dix heures.
■ Die Minuten der ersten halben Stunde nach der letzten vollen Stunde werden zu dieser dazugezählt.	**Il est** neuf heures dix. (9 h 10)
■ In der zweiten halben Stunde vor der nächsten vollen Stunde werden die Minuten mit *moins* abgezogen.	Il est cinq heures **moins** vingt. (4 h 40)
■ Die Viertelstunden werden mit *et quart* bzw. *moins le quart* angegeben.	Il est quatre heures **et quart.** (4 h 15) Il est huit heures **moins le quart.** (7 h 45)

5.5.2 Die offizielle Zeitangabe

Die **offiziellen** Zeitangaben (z. B. für Fahrpläne) werden wie im Deutschen gebildet.

Bildung			
2 h 00	deux heures	20 h 30	**vingt** heures **trente**
14 h	**quatorze** heures	20 h 33	**vingt** heures **trente-trois**
16 h 15	**seize heures** quinze	21 h 45	**vingt et une** heures **quarante-cinq**

Gebrauch	
Bei der offiziellen Zeitangabe werden die Minuten zur vorhergehenden vollen Stunde hinzugezählt.	Le vol est à **dix-huit heures vingt-huit.** (18 h 28) Le train arrive à **quinze heures quarante-sept.** (15 h 47)

BESONDERS NÜTZLICH

Feststehende Wendungen

Je commence le cours **à** (um) 10 heures.
J'arrive à 9 h 45, je suis **en avance** (zu früh).
J'arrive à **10 h pile** (Punkt 10 Uhr), je suis à l'heure.
J'arrive à 10 h 15, je suis **en retard** (zu spät).

6 Das Pronomen (le pronom)

Pronomen sind Fürwörter, die **andere Wörter ersetzen** können, z. B. Substantive oder Mengenangaben. Es gibt verschiedene Arten von Pronomen, die unterschiedliche Funktionen im Satz übernehmen – genau wie die Wörter, die durch Pronomen ersetzt werden.

BLICKPUNKT

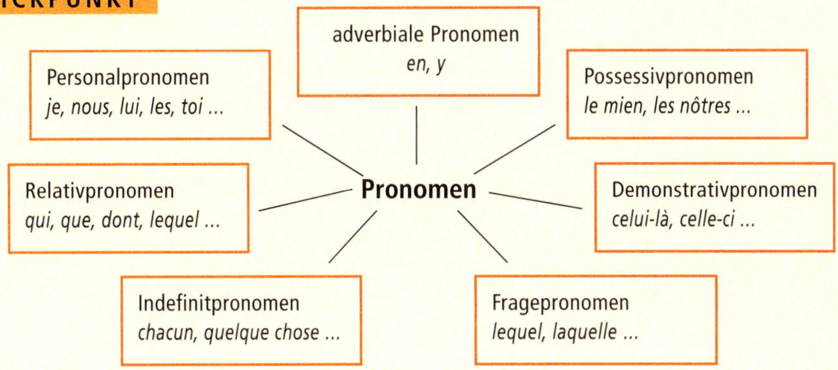

6.1 Das Personalpronomen (le pronom personnel)

Die Personalpronomen ersetzen das Subjekt, das direkte Objekt oder das indirekte Objekt.

6.1.1 Das Subjektpronomen (le pronom personnel sujet)

Subjektpronomen ersetzen das Subjekt und stehen immer **zusammen** mit einem Verb.

Formen			
Singular		Plural	
je	(ich)	nous	(wir)
tu	(du)	vous	(ihr, Sie)
il/elle/on	(er/sie/man)	ils/elles	(sie)

Besonderheiten	
■ *je* wird vor Vokal oder stummem *h* apostrophiert.	**J'**aime la danse moderne. **J'**habite à Munich.
■ *il* kann auch „es" bedeutenden.	**Il** pleut, **il** fait froid ... (Es regnet, es ist kalt ...)
■ *on* ersetzt sehr oft *nous*.	**On** va au cinéma. (Wir gehen ins Kino.)
■ *ils* steht für **gemischte Gruppen** aus männlichen und weiblichen Personen.	Où sont Jean, Léonie et Julie? **Ils** sont à la piscine.
■ *vous* steht im Deutschen für „ihr" oder „Sie".	Adrien et Pierre, qu'est-ce que **vous** faites ce soir? **Vous** allez bien, Madame?

6.1.2 Das unverbundene Personalpronomen (le pronom personnel tonique)

Das unverbundene Personalpronomen ist eine **Besonderheit** der französischen Sprache. Es steht allein und **ohne** Verb. Es **hebt** das Subjekt **hervor,** was im Deutschen lediglich durch die Betonung mittels Aussprache erfolgt. Es steht auch **nach Präpositionen.**

Formen

	Singular	Plural
1. Person	moi	nous
2. Person	toi	vous
3. Person Maskulinum	lui	eux
3. Person Femininum	elle	elles

Gebrauch

Es wird verwendet:

■ **alleinstehend** in einem Satz ohne Verb (z. B. bei einer pauschalen Bejahung/Verneinung eines Satzes),	Qui veut un thé? – **Moi!** (Ich!) Et **toi** (du), Marie? – Non, **pas moi** (ich nicht). Et **toi,** Julien? – **Moi** non plus (ich auch nicht).
■ zur **Betonung** von Subjektpronomen,	**Moi,** je préfère un café. (Ich mag lieber ...)
■ **nach Präpositionen** wie z. B. *à, avec, contre, de, pour, sans* oder *sur,*	Je sors **avec elle.** Ce sac est **à moi.** Je compte **sur vous.**
■ nach *c'est* und *ce sont* in der **Hervorhebung** mit *c'est ... qui/que* (↑ S. 38) und	C'est **toi** qui as gagné, ce ne sont pas **eux.**
■ beim **Vergleich** (↑ S. 18, 21).	Elle est plus sympa que **lui.**

6.1.3 Das direkte Objektpronomen (le pronom personnel objet direct)

Das direkte Objektpronomen steht anstelle einer Satzergänzung, die die Funktion eines **direkten Objekts** (Akkusativobjekts) hat.

Formen

Singular		Plural	
me/m'	(mich)	nous	(uns)
te/t'	(dich)	vous	(euch, Sie)
se/s'	(sich)	se/s'	(sich)
le/la/l'	(ihn, sie)	les	(sie)

Gebrauch und Merkmale

■ Direkte Objektpronomen ersetzen ein **direktes Objekt** im Satz (↑ S. 28, 72).	Je connais **le nouveau directeur.** Tu **le** connais aussi?
■ *me, te, se, le, la* werden vor Vokal oder stummem *h* apostrophiert.	Tu invites aussi la copine de Paul? Bien sûr, je **l'**invite.
■ *me, te, se, nous, vous* können auch als **Reflexivpronomen** gebraucht werden (↑ S. 46).	Nous **nous** excusons. (Wir enschuldigen uns.)
■ *me, te, se, nous, vous* haben die **gleiche** Form wie das indirekte Objektpronomen (↑ S. 30).	Je **vous** donne un conseil. (Ich gebe euch einen Rat.)

Stellung

■ Das direkte Objektpronomen steht **vor** dem konjugierten Teil des Verbs. Das gilt auch für die **Verneinung.**	Vous connaissez **mes parents?** Oui, je **les** connais mais ils ne **me** connaissent pas.
■ Das direkte Objektpronomen steht auch im **Passé composé** vor dem konjugierten Teil des Verbs. Dabei passt sich das **Participe passé** (↑ S. 49) an das Objektpronomen in Person und Zahl an.	Sandrine, tu as vu ta voisine en ville? Oui, je **l'**ai vu**e**, mais elle, elle ne **m'**a pas vu**e.**
■ Folgt auf ein **Verb der Wahrnehmung,** z. B. *voir, regarder, entendre* oder *écouter,* ein Infinitiv, so steht das direkte Objektpronomen ebenfalls **vor** dem konjugierten Verb.	Elle regarde **ses amies** jouer au volley. Elle **les** regarde jouer. Elle **les** entend s'amuser.
■ Bei *laisser* (lassen) und *faire* (veranlassen) mit darauf folgendem Infinitiv steht das direkte Objektpronomen **vor** *laisser* und *faire.*	Ils laissent sortir **leur fille** le soir? Oui, ils **la** laissent sortir jusqu'à 22 heures. Les profs font traduire **leurs élèves** chaque jour? Bien sûr, ils **les** font traduire chaque jour.
■ Folgt auf die konjugierten Verben *pouvoir* (können), *devoir* (müssen), *savoir* (können, wissen), *aller, venir de* und *il faut* (man muss) ein Infinitiv, dann steht das direkte Objektpronomen **vor dem Infinitiv.**	Tu vas préparer **ton exposé?** Oui, je vais **le** préparer le plus vite possible. Je peux **le** préparer ce soir. Tu dois **le** présenter mardi! Il faut **le** préparer tout de suite!

BESONDERS NÜTZLICH

Die Stellung der Objektpronomen beim Imperativ

- Beim Imperativ **in der bejahten Form** steht das direkte Objektpronomen **nach dem Verb,** mit dem es durch einen **Bindestrich** verbunden wird.
  Invite ton voisin! Invite-**le** bientôt!
- *me* und *te* werden zu *moi* und *toi,* wenn sie im Imperativ **nachgestellt** werden.
  Invite-**moi** aussi!
- Beim Imperativ **in der verneinten Form** bleibt das Objektpronomen **vor dem Verb.**
  Ne **me** quitte pas!

6.1.4 Das indirekte Objektpronomen (le pronom personnel objet indirect)

Das indirekte Objektpronomen steht anstelle einer Satzergänzung, die die Funktion eines indirekten Objekts (Dativobjekt) übernimmt.

Formen			
Singular		Plural	
me/m'	(mir)	nous	(uns)
te/t'	(dir)	vous	(euch, Ihnen)
se/s'	(sich)	se/s'	(sich)
lui	(ihm, ihr)	leur	(ihnen)

Gebrauch und Merkmale	
■ Indirekte Objektpronomen ersetzen ein **indirektes Objekt** im Satz. Diese Objekte sind ausschließlich **Personen** (und Tiere) (↑ S. 72).	Il raconte son voyage **à son fils.** Il **lui** raconte son voyage.
■ *me, te, se* werden vor Vokal oder stummem *h* apostrophiert.	Elle **m'**a envoyé un courriel (mail).
■ *me, te, se, nous, vous* können auch **Reflexivpronomen** sein (↑ S. 46).	Nous **nous** achetons un nouvel ordinateur.
■ *me, te, se, nous, vous* haben die **gleiche** Form wie das direkte Objektpronomen (↑ S. 28).	Il **me** regarde et il **me** dit bonjour. (Er schaut mich an und sagt mir guten Tag.)
■ *lui* ersetzt sowohl eine **männliche** als auch eine **weibliche** Person.	Il parle **à sa soeur.** Il **lui** parle. Il parle **à son père.** Il **lui** parle.
■ *leur* ersetzt **mehrere** Personen.	Elle téléphone **à ses parents.** Elle **leur** téléphone.
■ *leur* kann leicht mit dem **Possessivbegleiter** *leur* **verwechselt** werden (↑ S. 10).	C'est **leur prof.** (Das ist ihr Lehrer.) Il **leur parle.** (Er spricht mit ihnen.)

Stellung	
■ Das indirekte Objekt steht **vor** dem konjugierten Teil des Verbs. Das gilt auch für die **Verneinung.**	Tu écris souvent **à Marc?** Je **lui** écris souvent, mais il ne **me** répond pas. Alors, ne **lui** écris plus!
■ Das indirekte Objektpronomen steht im **Passé composé** vor dem konjugierten Teil des Verbs.	Mes parents **m'**ont offert un séjour à Rome.
■ Folgt auf die konjugierten Verben *pouvoir* (können), *devoir* (müssen), *savoir* (können, wissen), *aller, venir de* und *il faut* (man muss) ein Infinitiv, so steht das indirekte Objektpronomen **vor dem Infinitiv**.	Vous pouvez **nous** donner votre adresse? Je dois **leur** dire merci. Il vient de **lui** envoyer des fleurs.
■ **Beim bejahten Imperativ** (↑ S. 29, 56) steht das indirekte Personalpronomen **nach dem Verb** und wird durch **einen Bindestrich** verbunden. *me* und *te* werden zu *moi* und *toi*.	Donnez-**nous** votre adresse, s'il vous plaît. Prête-**moi** ton livre, s'il te plaît. Achète-**toi** un nouveau classeur, c'est nécessaire!

BESONDERS NÜTZLICH

Akkusativ- und Dativobjekte im Unterschied zum Deutschen

Die meisten Verben haben im Französischen und im Deutschen dieselben Objektergänzungen (↑ S. 64). Nur einige Verben haben im Französischen **eine andere Ergänzung** als im Deutschen:

direktes Objekt im Französischen
(Dativ im Deutschen)

aider qn (jdm. helfen)
J'aide mon ami. → Je l'aide.

écouter qn (jdm. zuhören)
Il écoute son père. → Il l'écoute.

remercier quelqu'un (jdm. danken)
Elle remercie ses invités. → Elle **les** remercie.

suivre qn / qc (jdm. / etw. folgen)
Nous suivons les conseils. → Nous **les** suivons.

indirektes Objekt im Französischen
(Akkusativ im Deutschen)

parler **à** qn (jdn. sprechen)
Nous parlons au directeur. → Nous **lui** parlons.

téléphoner **à** qn (jdn. anrufen)
Je téléphone à Elodie. → Je **lui** téléphone.

demander qc **à** qn
Je demande à mon père son avis. → Je **lui** demande son avis.
(Ich frage ihn nach seiner Meinung.)

6.2 Die adverbialen Pronomen en und y

en kann für verschiedene **Satzergänzungen mit *de*** stehen und wird mit „davon" oder „von dort" übersetzt. *y* kann für verschiedene **Satzergänzungen mit *à*** stehen und wird mit „dort", „dorthin" oder „daran" übersetzt.

6.2.1 Das Adverbialpronomen en

Gebrauch

■ *en* ersetzt eine mit ***de*** eingeleitete **Ortsbestimmung,** z. B. *venir de, rentrer de, revenir de.*	Tu reviens **de la plage?** Oui, j'**en** reviens. (Ja, von dort komme ich.)
■ *en* steht für **Verbergänzungen mit *de*,** z. B. *parler de, se souvenir de, rêver de, s'occuper de.*	Il a parlé **de son aventure?** Non, il n'**en** a pas encore parlé. (Er hat noch nicht darüber gesprochen.) Mais il **en** rêve encore. (Er träumt noch davon.)
■ *en* steht für **Adjektivergänzungen mit *de*,** z. B. *content / satisfait de, fier de, heureux de.*	Vous êtes contents **de votre voyage?** On **en** est très satisfait et fier. (Wir sind damit zufrieden und sind stolz darauf.)
■ *en* vertritt **Zahlwörter** oder ***un/une*** + Substantiv. In diesem Fall muss *en* durch eine **Mengenangabe** näher bestimmt werden.	Tu as **une** moto? Oui, j'**en** ai **une.** (Ja, ich habe eins.) J'aimerais **en** avoir **une deuxième.** (... ein zweites.)
■ *en* vertritt ***des*** + Substantiv und kann näher durch eine Mengenangabe bestimmt werden.	Vous avez **des** questions? Oui, nous **en** avons. Nous **en** avons même **beaucoup.**
■ *en* steht für den **Teilungsartikel** und für **Mengenangaben** und kann näher durch eine Mengenangabe bestimmt werden.	Il reste **du lait** et **un peu de** crème dans le frigo? Oui, il **en** reste **assez** pour un chocolat.
■ *en* vertritt nur **Sachen.** Für Personen steht das betonte Personalpronomen (↑ S. 28).	Je parle **de Justin.** Je parle **de lui,** pas de Damien.

Stellung

■ *en* folgt den gleichen Stellungsregeln wie die (in)direkten Objektpronomen (↑ S. 28).	
■ *en* steht **vor dem konjugierten Teil** des Verbs, – sowohl in der Verneinung, – als auch in einer zusammengesetzten Zeit der Vergangenheit.	Vous voulez un café? J'**en** bois un avec vous. – Non merci, je n'**en** veux pas, j'**en** ai déjà pris un. – Alors, n'**en** prenez pas.
■ Folgt auf das konjugierte Verb ein Infinitiv, so steht *en* **vor dem Infinitiv.**	Il faut acheter du sucre? Oui, je vais **en** acheter.
■ Nur beim **bejahten Imperativ** steht *en* **nach** dem Verb und wird mit einem **Bindestrich** angehängt.	Prends des céréales. Prends-**en** un bol.
■ Die Verben auf *-er* erhalten im Imperativ (↑ S. 56, 76) ein *-s*, wenn *en* folgt.	Mange de la confiture. Mange**s-en.**

6.2.2 Das Adverbialpronomen y

Gebrauch

■ *y* ersetzt **eine Ortsbestimmung**, die mit *à*, *en*, *dans*, *sur*, *sous* und anderen Präpositionen – **außer** *de* – eingeleitet wird.	Tu vas **au marché?** – Oui, j'**y** vais. Ils habitent encore **dans leur vieille maison?** – Oui, ils **y** habitent encore.
■ *y* steht für **Verbergänzungen** mit **à**, z. B. *penser à*, *participer à*, *jouer à*, *réfléchir à*.	Tu penses trop **au foot.** – Non, je n'**y** pense pas trop. J'**y** joue seulement chaque jour. (au foot)
■ *y* vertritt **nur Sachen.** Bei Personen steht das unverbundene Personalpronomen (↑ S. 28).	Ils pensent **à leur fils.** Ils pensent **à lui.**

Stellung

■ *y* folgt den gleichen Stellungsregeln wie die (in)direkten Objektpronomen und *en* (↑ S. 28).	
■ *y* steht **vor dem konjugierten Teil** des Verbs sowohl in der Verneinung als auch in einer zusammengesetzten Zeit der Vergangenheit.	Vous partez **au Canada?** – Oui, j'**y** pars cette année. – N'**y** allez pas en hiver, il **y** fait trop froid! – Mais mes frères **y** sont déjà allés l'an dernier.
■ Folgt auf das konjugierte Verb ein Infinitiv, so steht *y* **vor dem Infinitiv**.	Ils vont participer **à l'échange?** – Oui, ils veulent **y** participer.
■ Nur beim **bejahten Imperativ** steht *y* **nach** dem Verb und wird mit einem **Bindestrich** angehängt.	Réfléchissez à une solution acceptable. Réfléchissez-**y!**
■ Die Verben auf *-er* erhalten im Imperativ (↑ S. 56, 76) ein *-s*, wenn *y* folgt.	Pense à tes bonnes notes. Pense**s-y.**

BESONDERS NÜTZLICH

Feste Wendungen mit en und y

Je m'en vais.	(Ich gehe.)	Il y a …	(Es gibt …)
J'en ai marre.	(Mir reicht's.)	Ça y est.	(Das ist es!)
Je n'en peux plus.	(Ich kann nicht mehr.)	On y va!	(Gehen wir!)
Je lui en veux.	(Ich bin ihr/ihm böse.)	Tu y es?	(Bist du soweit?)

6.3 Die Stellung mehrerer Objektpronomen

Werden zwei Satzteile durch Pronomen ersetzt, so erscheinen die Pronomen in einer **festgelegten Reihenfolge** vor oder nach dem Verb.

6.3.1 Die Stellung vor dem Verb

BLICKPUNKT

Diese Stellung gilt für die **Aussageform,** die **verneinte Aussageform** und den **verneinten Imperativ.**

indirektes Objekt		direktes Objekt		indirektes Objekt				
me *te* *se* *nous* *vous*	vor	*le* *la* *les*	vor	*lui* *leur*	vor	*y*	vor	*en*

Merkmale

■ Die **häufigste Reihenfolge** ist indirektes Objekt *me, te, se, nous, vous* **vor** direktem Objekt *le, la, les.*	Tu nous racontes l'histoire? – Oui, je **vous la** raconte.
■ **Nur** bei *lui* und *leur* gilt folgende Reihenfolge: direktes Objekt *le, la, les* **vor** dem indirekten Objekt *lui* und *leur.*	Je raconte cette histoire à ton frère? – Oui, tu **la lui** racontes ce soir. Ne **la lui** raconte pas maintenant.
■ Diese feste Reihenfolge bleibt auch bei der zusammengesetzten Zeit der Vergangenheit (↑ S. 48) und vor dem Infinitiv (↑ S. 29).	Il **me** l'a déjà dit, il va **vous** l'expliquer aussi.
■ *y* steht vor *en.* ■ *y und en* stehen nach den anderen Objektpronomen **direkt vor** dem Verb.	Il **y** a encore de l'eau? – Non, il n'**y en** a plus. Tu conduis ton frère au lycée? – Oui, je **l'y** conduis. Tu lui donnes du chocolat? – Oui, je **lui en** donne.

BESONDERS NÜTZLICH

me, te, se, nous, vous als direkte Objektpronomen

Selten werden die Pronomen *me, te, se, nous, vous* als direkte Objektpronomen mit anderen Pronomen gebraucht. Beispiele sind: *présenter quelqu'un à quelqu'un* und die reflexiven Verben wie *se joindre à quelqu'un, s'adresser à quelqu'un.*
In diesem Fall gilt eine andere Reihenfolge:

Subjekt	direktes Objektpronomen	Verb	à	unverbundenes Personalpronomen
Il	**me**	présente	à	**elle.** (Er stellt mich ihr vor.)
Elle	**s'**	adresse	à	**lui.** (Sie wendet sich an ihn.)
Nous	**nous**	joignons	à	**eux.** (Wir schließen uns ihnen an.)

6.3.2 Die Stellung nach dem Verb

■ Beim **bejahten Imperativ** stehen die Pronomen **nach dem Verb.** Sie werden mit **Bindestrich** verbunden und stehen in dieser Reihenfolge: **direktes Objekt vor dem indirekten Objekt.**	Donne-**moi** les livres. Donne-**les-moi!** Dis-**lui** la vérité. Dis-**la-lui!**
■ *en* steht in festen Wendungen mit einem anderen Pronomen nach dem Verb. Dabei werden *me* und *te* vor *en* apostrophiert.	Allez-**vous-en!** (Geht weg!/Gehen Sie weg!) Va-**t'en!** (Geh weg!)
■ *en* steht mit einem anderen Pronomen nach dem Verb, wenn eine **Mengenangabe** folgt.	Tu veux du lait dans ton thé? Oui, donne-**m'en un peu,** merci.

6.4 Das Possessivpronomen (le pronom possessif)

Formen

Singular	Plural
le mien/la mienne	les miens/les miennes
le tien/la tienne	les tiens/les tiennes
le sien/la sienne	les siens/les siennes
le/la nôtre	les nôtres
le/la vôtre	les vôtres
le/la leur	les leurs

Gebrauch und Merkmale

■ Possessivpronomen ersetzen den **Possessivbegleiter** und das **Substantiv.**	mon bus → **le mien** nos vélos → **les nôtres** sa moto → **la sienne** leurs skis → **les leurs**
■ Possessivpronomen übernehmen **Geschlecht** und **Zahl** des Substantivs, das sie vertreten.	On prend ta voiture? Non, on prend **la mienne**. (Nehmen wir deinen Wagen? Nein, meinen.)
■ Abweichend vom Deutschen dürfen im Französischen **nicht zwei** Possessivbegleiter vor einem Substantiv stehen. Der zweite **muss** durch ein Possessivpronomen **ersetzt werden.**	C'est ton cahier ou c'est **le mien**? (Ist das dein oder mein Heft?)

6.5 Das Demonstrativpronomen (le pronom démonstratif)

Formen

	Singular	Plural
Maskulinum	celui	ceux
Femininum	celle	celles

Gebrauch und Merkmale

■ Das Demonstrativpronomen ersetzt den **Demonstrativbegleiter** und das **Substantiv,** dessen **Geschlecht** und **Zahl** es übernimmt. Dabei muss es näher bestimmt werden.	ce sac → **celui-ci/celui-là** cette valise → **celle-ci/celle-là** ces sacs → **ceux-ci/ceux-là** ces valises → **celles-ci/celles-là**
■ Demonstrativpronomen werden näher bestimmt: – durch *-ci* (hier) oder *-là* (da),	Quelle jupe est-ce que tu préfères? Celle-**ci** ou celle-**là?**
– durch *de* oder *à*,	C'est ton portable? Non, c'est celui **de** ma mère. Tu prends quel menu? Celui **à** 15 Euros.
– durch die Relativpronomen *qui*, *que* oder *dont* (↑ S. 38).	J'achète ce stylo, celui **qui** est en or, celui **que** tu m'as montré et **dont** on parle dans la pub.

BESONDERS NÜTZLICH

ce, cela, ça

■ *ce* wird nur mit ***être*** in den **einfachen Zeiten** verwendet.

Präsens:	**C'est** une erreur de ma part. (Das ist mein Fehler.)
Imperfekt:	**C'était** dommage. (Das war schade.)
Futur:	**Ce sera** impossible. (Das wird unmöglich sein.)
Conditionnel I:	**Ce serait** regrettable. (Das wäre bedauerlich.)
Subjonctif:	Il faut que **ce soit** prêt demain. (Das muss morgen fertig sein.)

■ *cela* (gehobene Sprache) und *ça* (Umgangssprache) stehen mit ***être*** in den **zusammengesetzten Zeiten der Vergangenheit** und mit **anderen Verben.**

Passé composé:	**Ça a été** difficile. (Es ist schwierig gewesen.)
Plus-que-parfait:	**Ça avait été** impossible. (Es war unmöglich gewesen.)
Conditionnel II:	**Ça aurait été** souhaitable. (Es wäre wünschenswert gewesen.)
Andere Verben:	**Ça va!** (Es geht!), **Ça** m'**énerve.** (Das nervt mich.), **Ça faisait** mal. (Das tat weh.)

6.6 Das Fragepronomen (le pronom interrogatif)

6.6.1 qui, que, quoi

Diese Fragepronomen fragen nach **unbekannten Personen** und **Sachen** oder nach **Sachverhalten.**

■ Das Fragepronomen ***qui*** steht **nur** für **Personen.** Es kann als Subjekt, als direktes Objekt und nach Präpositionen stehen.	**Qui** vient dîner ce soir? **Qui** as-tu invité ? – Juliette. Et **avec qui** vient-elle ? – Avec Denis.
■ Das Fragepronomen ***que*** steht **nur** für **Sachen** und wird nur als **direktes Objekt** benutzt.	**Qu'**est-ce que c'est? **Que** faites-vous demain?
■ Das Fragepronomen ***quoi*** steht für **Sachen** und nach Präpositionen.	**A quoi** pensez-vous ? **De quoi** est-ce que vous parlez ?
■ In der Umgangssprache ersetzt *quoi* manchmal *que* als direktes Objekt.	Tu fais **quoi** demain ? (Que fais-tu demain?) Tu ne sais pas **quoi** (que) faire!

6.6.2 lequel, laquelle, lesquels, lesquelles

Diese Fragepronomen fragen nach **bestimmten** Personen oder Sachen und werden im Deutschen mit „welcher", „welches", „welche" übersetzt.

■ Dieses Fragepronomen besteht aus dem bestimmten Artikel und dem Fragebegleiter *quel* (↑ S. 11). Es folgt in Geschlecht und Zahl dem Substantiv, für das es steht. ■ Wenn *lequel* und *lesquels/lesquelles* mit den Präpositionen *à* und *de* gebraucht werden, werden sie zu *auquel, auxquels/auxquelles* und *duquel, desquels/desquelles* (↑ S. 8).	quel joueur → **lequel** quelle photo → **laquelle** quels films → **lesquels** quelles chanteuses → **lesquelles** Il y a deux Cédric dans ta classe. **Lequel** te plaît? **Auquel** penses-tu ? **Duquel** es-tu amoureuse? Tu parles des examens. **Desquels** parles-tu? aber: Il y a deux Martine dans ta classe. **À laquelle** penses-tu? Tu parles **de laquelle?**

6.7 Das Indefinitpronomen (le pronom indéfini)

Indefinitpronomen stehen für **nicht näher bestimmte** Personen oder Sachen.

6.7.1 chacun/e, aucun/e und quelques-uns/quelques-unes

■ ***chacun/e*** (jeder/e) steht für *chaque* und das Substantiv. Es wird **nur im Singular** gebraucht und passt sich im **Geschlecht** dem Substantiv an, das es ersetzt. ■ *chacun/e* kann durch *tout le monde* (jeder, alle) ersetzt werden (↑ S. 37).	**Chaque danseur** reçoit une médaille. → **Chacun** a mérité une médaille. **Chaque danseuse** a reçu des fleurs. → **Chacune** reçoit des fleurs. **Tout le monde** est satisfait.
■ ***aucun/e*** (keiner/e) steht für *aucun* und das Substantiv. Es steht mit dem **Verneinungspartikel** *ne*. Es wird **nur im Singular** gebraucht und passt sich im Geschlecht dem Substantiv an, das es ersetzt.	**Aucun** candidat n'est déçu? – Non, **aucun.** **Aucune candidate** n'est déçue? – Non, **aucune n'**est déçue.
■ ***quelques-uns/quelques-unes*** (einige) steht für *quelques* und das Substantiv. Es wird **immer im Plural** gebraucht und passt sich im Geschlecht dem Substantiv an, das es ersetzt.	**Quelques sportifs** se dopent. → **Quelques-uns** se dopent. **Quelques sportives** se dopent aussi. → **Quelques-unes** se dopent malheureusement.

6.7.2 quelqu'un – personne, quelque chose – rien

■ ***quelqu'un*** (jemand) steht für eine **unbekannte Person.**	**Quelqu'un** a téléphoné.
■ ***personne*** (niemand) steht mit dem **Verneinungspartikel** *ne*. ■ Im Unterschied zum Deutschen steht *personne* **nach** dem Participe passé und **nach** dem Infinitiv.	Qui a appelé? **Personne. Personne n'**a appelé. Je **n'**ai entendu **personne.** Tu **n'**as vu **personne** non plus. Je **ne** veux voir **personne.**
■ ***quelque chose*** (etwas) steht für eine **unbekannte Sache.** ■ Im Unterschied zum Deutschen steht *quelque chose* **nach** dem Participe passé und **nach** dem Infinitiv.	**Quelque chose** ne me plaît pas ici. On a fait **quelque chose?** Nous devons faire **quelque chose!**
■ ***rien*** (nichts) steht mit dem **Verneinungspartikel** *ne*.	Tu as entendu quelque chose? Non, **rien.** Je **n'**ai **rien** entendu.
■ *quelque chose* und *rien* können mit *de* + Adjektiv näher bestimmt werden.	Tu as quelque chose **de nouveau** à raconter? Non, rien **de spécial.**

6.7.3 tout, tous/toutes, tout le monde

■ ***tout*** (alles) als Pronomen bezeichnet eine Gesamtheit von Sachen/Sachverhalten. Es ist **unveränderlich.**	**Tout** s'est bien passé. **Ils** ont **tout** compris.
■ ***tous/toutes*** (alle) als Pronomen bezeichnet Personen oder Sachen, die schon bekannt sind. In diesem Fall wird das *-s* von *tous* **gesprochen.**	Tous ses amis étaient là. Ils étaient **tous** [tus] **là.** Elle a encore toutes ses poupées. Elle les a **toutes** [tut].
■ ***tout le monde*** bedeutet „jeder", „alle".	**Tout le monde** s'est follement amusé.

6.7.4 Das Personalpronomen on

■ *on* (man) steht in der Umgangssprache für ***nous*** (wir). Es wird **nur** als **Subjekt** verwendet. ■ Wenn *on* für mehrere Personen steht, richtet sich das Participe passé (↑ S. 50) oder das Adjektiv (↑ S. 15) in Geschlecht und Zahl nach diesen Personen.	Qu'est-ce que **vous** avez fait hier. **On** a fait une promenade au bord du lac. On y est restés une heure. On était contents ...
■ *on* steht für **nicht näher bestimmte Personen** im Sinne von *les gens* (die Leute), *tout le monde* (jeder, alle), *quelqu'un* (jemand). ■ *on* wird sehr oft anstelle einer **Passivkonstruktion** verwendet.	En Bavière, **on** aime la bière. **On** a sonné. On ne fume plus dans les restaurants. (Es wird in Restaurants nicht mehr geraucht.)

6.8 Das Relativpronomen (le pronom relatif)

Das Relativpronomen bildet das Bindeglied zwischen Hauptsatz und Relativsatz (↑ S. 77). Ihm geht immer ein Bezugswort voraus.

6.8.1 qui und que

■ *qui* übernimmt im Relativsatz die Funktion des **Subjekts.** *qui* steht für Personen oder Sachen und ist **unveränderlich.**	C'est l'oncle **qui** habite à Lyon. Ce sont les activités **qui** plaisent aux jeunes.
■ *qui* wird vor Vokal oder stummem *h* **nicht** apostrophiert.	Le prof à **qui elle** s'adresse est son prof principal.
■ *qui* kann auch anstelle von *lequel* (↑ S. 39) nach Präpositionen stehen, vertritt aber in diesem Fall **nur Personen.**	C'est l'amie **avec qui** (laquelle) j'étais en Espagne et **à qui** j'écris encore.
■ ***que*** übernimmt im Relativsatz die Funktion des direkten Objekts. *que* steht für Personen und Sachen und ist **unveränderlich.**	C'est un partenaire **que** tu dois aider. Ce sont les règles **que** vous devez respecter.
■ *que* wird vor Vokal oder stummem *h* apostrophiert.	Le message **qu'**il a reçu est en allemand.

BESONDERS NÜTZLICH

Die Hervorhebung mit *c'est ... qui* und *c'est ... que*

- Mit *c'est/ce sont ... qui* kann man das **Subjekt** eines Satzes hervorheben.
  Cécile a préparé le repas. → C'est **Cécile** qui a préparé le repas.
  Les enfants ont fait la vaisselle. → Ce sont **les enfants** qui ont fait la vaisselle.

- Das Subjekt kann durch ein **unverbundenes Personalpronomen** vertreten sein.
  C'est **elle** qui a lavé les verres.
  Ce sont **eux** qui les ont essuyés.

- Das **Verb** wird dem **Subjekt angeglichen.**
  C'est **moi** qui **ai** dit cela.
  C'est **toi** qui **as** fait la faute.
  C'est **nous** qui **avons** raison.

- *Ce sont* kann nur ***vor eux*** und ***elles*** oder einem **Substantiv im Plural** stehen. In der Umgangsprache wird *c'est* auch für den Plural verwendet.
  Ce sont Aurélie et Alexa qui ont acheté cette bière.
  → **Ce sont elles** qui l'ont achetée.
  → **C'est mes amis** qui la boiront, ce n'est pas **vous!**
  Ce sont Claire et Max qui s'occupent du repas.
  → **Ce sont eux** qui s'en occupent.

- Mit *c'est ... que* kann man **Objekte** und **adverbiale Bestimmungen** hervorheben.
  Tu cherches **tes clés?** Non, ce ne sont pas **mes clés** que je cherche, c'est mon portable.
  C'est **demain** que je partirai, c'est **avec elle** que je m'en vais.

6.8.2 où und dont

■ *où* und *d'où* (wo, wohin und von wo) stehen für eine **Ortsangabe.**	C'est la ville **où** je suis allé au lycée et **d'où** je viens.
■ *dont* vertritt im Relativsatz eine **Ergänzung mit *de*** und steht für **Personen** oder **Sachen.** Nach *dont* ist die Satzstellung **Subjekt + Verb + Ergänzung.** Der Begleiter bleibt vor dem Substantiv.	Elle parle **de sa correspondante.** → C'est la correspondante **dont** elle parle. Elle est satisfaite **de son séjour.** → C'est un séjour **dont** elle est satisfaite. Les parents **de la corres** sont sympas. → La corres **dont les** parents (deren Eltern) sont sympas lui écrit souvent.
■ Wenn auf *dont* eine **Zahlenangabe** folgt, wird es mit „darunter" übersetzt.	18 élèves, **dont** 10 filles, ont participé à l'échange.

6.8.3 lequel, laquelle, lesquels, lesquelles

■ *lequel* (welcher) folgt in **Geschlecht** und **Zahl** dem Substantiv, auf das es sich bezieht (↑ S. 36).	lequel, laque**lle**, lesquel**s**, lesquel**les**
■ *lequel* und *lesquels*/*lesquelles* **verschmelzen** mit den Präpositionen *à* und *de* (↑ S. 36).	**au**quel, **aux**quels, **aux**quelles **du**quel, **des**quels, **des**quelles
■ *lequel* steht meistens für Sachen. Nach einer Präposition steht *lequel*, wenn das Bezugswort eine **Sache** ist.	Le logiciel **avec lequel** nous travaillons est sûr. La solution **à laquelle** tu penses est évidente. Le projet **auquel** nous participons est réalisable.
■ Wenn das Bezugswort eine **Person** ist, **kann** *lequel* anstelle von *qui* nach einer Präposition verwendet werden (↑ S. 38).	La traductrice **avec laquelle** (avec qui) il voyage est trilingue.
■ *duquel, de laquelle, desquels, desquelles* stehen nach **präpositionalen Ausdrücken mit *de*,** z. B. *à côté de, en face de, près de.*	J'aime le parc **près duquel** nous habitons.
■ Für eine einfache Ergänzung mit *de* steht ansonsten *dont.*	Voilà la maison **dont** je vous ai déjà parlé.

6.8.4 ce qui und ce que

Ce qui und *ce que* haben kein direktes Bezugswort, sie können sich auf einen **ganzen Satz** beziehen. Sie werden im Deutschen mit „was" übersetzt.

■ *ce qui* ist **Subjekt** des Relativsatzes.	Les jeunes savent **ce qui** est à la mode. **Ce qui** leur plaît, c'est aller faire des achats.
■ *ce que* ist **direktes Objekt** des Relativsatzes.	Ils achètent **ce que** les magazines leur conseillent.
■ *que* wird vor Vokal apostrophiert.	**Ce qu'**ils veulent, ce sont des produits de qualité.
■ *ce qui* und *ce que* werden häufig in der indirekten Frage verwendet (↑ S. 80).	Il m'a raconté **ce qui** l'a intéressé et **ce qu'**il a fait pendant son voyage.

7 Das Verb (le verbe)

7.1 Die Verbgruppen (les groupes de verbes)

Verben drücken aus, was passiert oder was getan wird. Alle Verben setzen sich im Französischen aus **Stamm** + **Endung** zusammen.

BLICKPUNKT

Verben

1. Gruppe	2. Gruppe	3. Gruppe und unregelmäßige Verben		Reflexive Verben
auf *-er* *parler, manger, commencer, acheter …*	**auf** *-ir* *finir, choisir agrandir …*	**auf** *-ir* *partir, dormir, ouvrir …* **auf -re** *lire, vivre, éteindre, mettre, connaître, répondre …* **auf** *-oir* *devoir, vouloir, pouvoir …*	**être** **avoir**	*se laver, se téléphoner, se connaître …*

7.1.1 Das Präsens der Verben auf -er (le présent des verbes en -er)

Die meisten französischen Verben, ca. 90 %, gehören der **1. Gruppe** an. Sie zählen zu den regelmäßigen Verben und werden im Präsens wie *parler* konjugiert.

parler (sprechen)	
Singular	Plural
je parl**e**	nous parl**ons**
tu parl**es**	vous parl**ez**
il/elle/on parl**e**	ils/elles parl**ent**

BESONDERS NÜTZLICH

Die Aussprache

- Die Präsensendungen werden bis auf die Endungen *-ons* und *-ez* nicht gesprochen: je, tu, il/elle/on, ils/elles [parl], aber: nous parlons [parlõ], vous parlez [parle]
- Der Infinitif *parler* [parle] und *(vous) parlez* [parle] werden identisch ausgesprochen.
- Bei Verben auf *-ier* gehört das *-i* zum Stamm und wird ausgesprochen: j'étudie [etydi]
- *je* wird vor Vokal und stummem *h* apostrophiert: j'arrive, j'habite
- *tu* wird beim Schreiben nie apostrophiert: tu apportes
- Das *-s* von *ils* und *elles* wird stimmhaft gesprochen, wenn ein Vokal oder ein stummes *h* folgt: ils arrivent [ilzaʀiv], elles habitent [elzabit]

Besondere Formen

Einige Verben auf *-er* haben **verschiedene Stämme** für die **stammbetonten** *(je, tu, il, elle, on, ils, elles)* und die **endungsbetonten** *(nous, vous)* Formen.

■ Die Verben, deren Infinitivstamm auf *-c* bzw. ***-g*** endet, werden in der 1. Person Plural *(nous)* zum Erhalt der Aussprache mit ***-ç*** bzw. ***-ge*** geschrieben. Ebenso: *lancer, ranger*	commencer (beginnen) → nous commen**ç**ons prononcer (aussprechen) → nous pronon**ç**ons manger (essen) → nous man**ge**ons corriger (korrigieren) → nous corri**ge**ons	
■ Die Verben mit stummem ***-e*** oder ***-é*** in der letzten Stammsilbe (z. B. *acheter, préférer*) verändern ihren Stamm bei den stammbetonten Formen. Ebenso: *lever, peser*	j'ach**è**te tu ach**è**tes il/elle/on ach**è**te nous achetons vous achetez ils/elles ach**è**tent	je préf**è**re tu préf**è**res il/elle/on préf**è**re nous préférons vous préférez ils/elles préf**è**rent
■ Die Verben *appeler* (rufen) und *jeter* (werfen) **verdoppeln den Konsonanten** am Ende des Stammes bei den stammbetonten Formen. Ebenso: *se rappeler* (sich erinnern), *épeler* (buchstabieren), *projeter* (projizieren)	j'appe**ll**e tu appe**ll**es il/elle/on appe**ll**e nous appelons vous appelez ils/elles appe**ll**ent	je je**tt**e tu je**tt**es il/elle/on je**tt**e nous jetons vous jetez ils/elles je**tt**ent
■ Bei den Verben, deren Infinitivstamm auf *-y* endet (z. B. *envoyer*), wird das *-y* zu *-i* bei den stammbetonten Formen. Bei ***-ay*** (z. B. ***payer***) existiert die Form mit ***-y*** ebenfalls. Ebenso: *essuyer* (abtrocknen, abwischen), *essayer* (versuchen)	j'envo**i**e tu envo**i**es il/elle/on envo**i**e nous envoyons vous envoyez ils/elles envo**i**ent	je pa**i**e/paye tu pa**i**es/payes il/elle/on pa**i**e/paye nous payons vous payez ils/elles pa**i**ent/payent

7.1.2 Das Präsens der Verben auf -ir (le présent des verbes en -ir)

Die ca. 300 Verben auf *-ir* gehören der **2. Gruppe** an und zählen zu den regelmäßigen Verben. Sie sind häufig und werden im Präsens wie *finir* konjugiert.

finir (beenden)

Singular	Plural
je fin**is**	nous fin**issons**
tu fin**is**	vous fin**issez**
il/elle/on fin**it**	ils/elles fin**issent**

Bildung und Aussprache

Der Stamm des Verbs *fin-* wird mit den Endungen ***-is, -is, -it, -issons, -issez, -issent*** ergänzt.	je fin**is**, tu fin**is**, il/elle fin**it** → [fini] nous fin**issons** → [finisõ] vous fin**issez** → [finise] ils/elles fin**issent** → [finis]

7.1.3 Das Präsens der unregelmäßigen Verben (le présent des verbes irréguliers)

Zu den Verben der **3. Gruppe** auf *-ir*, *-re* und *-oir* gehören nur ca. 370 Verben, die jedoch häufig verwendet werden.

Die Konjugation der Verben auf -ir

Bildung und Merkmale

- Bei den Verben auf *-ir* der 3. Gruppe (↑ S. 40) wird der Stamm (z. B. *part-, dorm-*) mit den Endungen ***-s, -s, -t, -ons, -ez, -ent*** ergänzt.
- Die Verben *partir, dormir, sortir, sentir* und *servir* **verlieren den letzten Stammkonsonanten** vor den Endungen ***-s*** und ***-t***.

je pars	je dors
tu pars	tu dors
il/elle/on par**t**	il/elle/on dor**t**
nous part**ons**	nous dorm**ons**
vous part**ez**	vous dorm**ez**
ils/elles part**ent**	ils/elles dorm**ent**

- Die Verben *ouvrir, offrir, couvrir* und *découvrir* sind **Ausnahmen,** da sie wie regelmäßige Verben auf *-er* konjugiert werden (↑ S. 40).
- Viele Verben auf *-ir* sind **unregelmäßig** (↑ Buchdeckel hinten).

j'ouvr**e**	nous ouvr**ons**
tu ouvr**es**	vous ouvr**ez**
il/elle /on ouvr**e**	ils/elles ouvr**ent**

Die Konjugation der Verben auf -re

Bildung und Merkmale

- Die Verben auf *-re* sind unregelmäßig (↑ Buchdeckel hinten).
- Oft wird der Verbstamm (z. B. *vivre* → *viv-*) mit den Endungen ***-s, -s, -t, -ons, -ez, -ent*** ergänzt. Ebenso: *rire, suivre*
- Die 3. Person Singular *(il/elle/on)* endet auf ***-d*** statt auf ***-t*** bei Verben, deren Stamm auf *-d* endet (z. B. *répondre* → *il/elle répond*). Ebenso: *rendre, entendre, vendre, descendre*

je vi**s**	je répond**s**
tu vi**s**	tu répond**s**
il/elle/on vi**t**	il/elle/on répon**d**
nous viv**ons**	nous répond**ons**
vous viv**ez**	vous répond**ez**
ils/elles viv**ent**	ils/elles répond**ent**

- Häufig ändert sich im Plural *(nous, vous, ils/elles)* der Endkonsonant des Infinitivstamms (z. B. *lire* → *je li-**s*** → *nous lis-ons*). Ebenso: *écrire, décrire, conduire.*
- Bei einigen Verben (z. B. *mettre*) **verdoppelt sich im Plural** *(nous, vous, ils/elles)* der Endkonsonant des Infinitivstamms (z. B. *mettre* → *je met-s* → *nous **mett**-ons*).

je li**s**	je met**s**
tu li**s**	tu met**s**
il/elle/on li**t**	il/elle/on me**t**
nous li**sons**	nous me**ttons**
vous li**sez**	vous me**ttez**
ils/elles li**sent**	ils/elles me**ttent**

Die Konjugation der Verben auf -oir

devoir (müssen)	vouloir (wollen)	pouvoir (können)
je dois	je veu**x**	je peu**x**
tu dois	tu veu**x**	tu peu**x**
il/elle/on doit	il/elle/on veut	il/elle/on peut
nous dev**ons**	nous voul**ons**	nous pouv**ons**
vous dev**ez**	vous voul**ez**	vous pouv**ez**
ils/elles doiv**ent**	ils/elles veul**ent**	ils/elles peuv**ent**

Merkmale

- Die Verben auf *-oir* haben jeweils drei verschiedene Stämme: für die 1., 2. und 3. Person Singular *(je, tu, il/elle/on)*, für die 1. und 2. Person Plural (*nous, vous*) und für die 3. Person Plural *(ils/elles)*.
- Viele Verben auf *-oir* sind **unregelmäßig** (↑ Buchdeckel hinten).

7.1.4 être und avoir

Die Verben *être* (sein) und *avoir* (haben) können sowohl als Vollverb *(verbe principal)* als auch als Hilfsverb *(verbe auxiliaire)* im Satz verwendet werden. Beide Verben sind vollkommen unregelmäßig.

Das Präsens von être

être (sein)	
Singular	Plural
je **suis**	nous **sommes**
tu **es**	vous **êtes**
il/elle/on **est**	ils/elles **sont**

BESONDERS NÜTZLICH

Die Aussprache bei *être*

- *es* (bist) und *est* (ist) werden mit offenem e [ɛ] gesprochen und sind nicht zu verwechseln mit der Konjunktion *et* (und), die mit geschlossenem e [e] gesprochen wird.
- Die Formen *est* und *êtes* werden mit dem Pronomen gebunden: *on est* [õnɛ], *vous êtes* [vuzɛt].
- Die Endkonsonanten der Verbformen (außer bei *es*) werden mit einem nachfolgenden Wort gebunden, das mit Vokal oder stummem *h* beginnt: *je suis au lycée* [sɥisolise], *c'est un garçon* [sɛtœ̃garsõ], *nous sommes allés au théâtre* [somzale], *vous êtes heureux* [ɛtsœʀø], *ils sont à Paris* [sõtapaʀi].

Être als Vollverb

Gebrauch	
■ Als Vollverb ist *être* **selbstständig** und hat eine **eigene Bedeutung,** im Gegensatz zu seiner Funktion als Hilfsverb.	
■ Als Vollverb wird *être* in verschiedenen Wendungen benutzt:	
– mit Adjektiven,	Maria est **espagnole.** Il est **gros** et très amusant.
– mit Substantiven,	Nous sommes **avocats.** On est **place d'Italie.**
– mit Possessivpronomen,	Cette montre est **la mienne.**
– mit Präpositionen: *à, dans, de, chez, pour, sur, sous etc.,*	Elle est **à Paris.** Vous êtes **de Marseille,** n'est-ce pas ? Jacques est **dans le salon.**
– zusammen mit **ce** (↑ S. 35).	**C'est** génial! (Das ist genial!) **Ce sont** nos amis.

Être als Hilfsverb

Gebrauch	
■ Einige wenige Verben brauchen für die **Zeitenbildung** das Hilfsverb *être:*	
– die Verben der **Bewegungsrichtung** (↑ S. 49),	Elle **est montée** dans sa chambre.
– *rester,*	Il **est resté** chez lui toute la journée.
– *naître, devenir, mourir,*	Elle **est née** en 1965.
– alle **reflexiven** Verben (↑ S. 46).	Vous vous **êtes réveillés** à 10 h.
■ Sie bilden damit die folgenden Zeitformen:	
– das Passé composé (↑ S. 48),	Nous **sommes sortis** tôt.
– das Plus-que-parfait (↑ S. 52),	Elle **était allée** au cinéma.
– das Futur antérieur (↑ S. 55),	Quand vous arriverez, je **serai** déjà **partie.**
– das Conditionnel passé (↑ S. 57),	S'il avait fait beau, je **serais allé** au parc.
– den Subjonctif passé (↑ S. 60).	C'est dommage qu'il ne **soit** pas **venu** hier.
■ Die Verlaufsform (dabei sein, etwas zu tun) wird mit *être* + *en train de* + Infinitiv gebildet.	Le professeur **est en train d'**expliquer. Nous **étions en train de** lire quand il a commencé à neiger.

Das Präsens von avoir

avoir (haben)	
Singular	Plural
j'**ai**	nous **avons**
tu **as**	vous **avez**
il/elle/on **a**	ils/elles **ont**

BESONDERS NÜTZLICH

Die Aussprache bei avoir

- Die Formen *as* und *a* werden gleich ausgesprochen: [a].
- Die Verbformen, die mit Vokal beginnen, werden mit dem Pronomen verbunden: **on a** [õna], nous **avons** [nuzavõ], vous **avez** [vuzave], ils **ont**/elles **ont** [ilzõ/elzõ].
- *ils/elles* ***ont*** (sie haben) und *ils/elles* ***sont*** (sie sind) unterscheiden sich nur durch das stimmhafte bzw. das stimmlose gebundene *-s: ils/elles ont* [ilzõ] – *ils/elles* sont [ilsõ].

Avoir als Vollverb

Merkmale und Gebrauch

■ Als Vollverb ist *avoir* **selbstständig** und hat eine **eigene Bedeutung.**	J'**ai** trois sœurs. (Ich habe drei Schwestern.)
■ In den meisten Fällen folgt auf *avoir* ein **Substantiv mit Artikel,** auch im Plural.	Elles ont **une** voiture japonaise. (ein Auto) Ils ont **des** vélos de course. (Rennräder)
■ Abweichend vom Deutschen erfolgt im Französischen die **Altersangabe** mit ***avoir.***	Mon frère **a** vingt ans. (Mein Bruder ist zwanzig Jahre alt.)
■ In vielen **feststehenden Wendungen** wird *avoir* + Substantiv ohne Artikel benutzt: – *avoir soif/faim* (Durst/Hunger haben), – *avoir froid/chaud* (frieren/warm sein), – *avoir peur de* (Angst haben vor), – *avoir mal à* (Schmerzen haben in). *Aber: avoir le temps de* (Zeit haben zu), *avoir de la chance* (Glück haben)	Nous **avons soif** depuis ce matin. Le chien **a faim.** Aujourd'hui, elle **a froid.** Quand il travaille, **il a chaud.** L'enfant **a peur du** chat. Tu **as mal à** la tête? Nous n'avons pas **le temps d'**aller au cinéma. Mon père **a** toujours **de la chance.**
■ In einem verneinten Satz mit *avoir* werden die **unbestimmten Artikeln** durch ***de*** ersetzt.	As-tu **une** radio? → Non, je **n'**ai **pas de** radio.
■ Dagegen bleibt der **bestimmte Artikel** im verneinten Satz immer erhalten.	Nous **n'**avons **pas les** livres de français. (Wir haben die Französischbücher nicht.)

Avoir als Hilfsverb

Gebrauch

■ Die meisten Verben benötigen für die Zeitenbildung *avoir* als Hilfsverb: – der meisten Verben, – *être* und *avoir,* – *marcher, courir, conduire, nager.*	 Tu **as** déjà **vu** le nouveau film de Luc Besson? Nous n'**avons** pas **été** chez lui depuis deux jours. Gustave **a eu** le bonheur de gagner le concours. Il **a marché** pendant une heure.
■ Sie bilden damit die folgenden Zeitformen: – das Passé composé (↑ S. 48), – das Plus-que-parfait (↑ S. 52), – das Futur antérieur (↑ S. 55), – das Conditionnel passé (↑ S. 57), – den Subjonctif passé (↑ S. 60).	 Nous **avons** travaillé deux ans à Paris. Il **avait dîné** quand je suis arrivée. Quand j'**aurai vu** le film, je te le raconterai. J'**aurais aimé** te voir. Il faut que vous **ayez fini** avant 10 heures.

7.1.5 Die reflexiven Verben (les verbes pronominaux)

Ein reflexives Verb besteht aus zwei Teilen: dem Reflexivpronomen und dem Verb. Das Reflexivpronomen bezieht sich jeweils auf das Subjekt des Satzes.

se laver (sich waschen)	
Singular	Plural
je **me** lave tu **te** laves il/elle/on **se** lave	nous **nous** lavons vous **vous** lavez ils/elles **se** lavent

Bildung	
■ Die Pronomen *me, te* und *se* werden vor Vokal und stummem *h* apostrophiert.	je **m'**habille, tu **t'**habilles, il/elle **s'**habille, ils/elles **s'**habillent
■ Die Verneinung umschließt die aus Reflexivpronomen und konjugiertem Verb gebildete Einheit.	Il **ne** se repose **pas.**
■ Beim bejahten Imperativ stehen die Reflexivpronomen nach dem Verb mit einem Bindestrich angeschlossen (↑ S. 29).	Levez-**vous!**

Gebrauch	
Die reflexiven Verben werden gebraucht,	
■ wenn eine Person in Bezug auf **sich selbst** agiert, z. B. *se laver* (sich wachen), *s'asseoir* (sich setzen) oder *s'inscrire* (sich anmelden),	Je **me lave** tous les matins avec de l'eau froide. Attention! Tu **t'**assois sur un banc cassé.
■ wenn zwei oder mehrere **Personen untereinander** agieren: *se téléphoner* (sich anrufen), *se connaître* (sich kennenlernen),	Claire et Jérôme **se téléphonent** tous les jours. Ils **se sont connus** le jour de mon anniversaire.
■ in **feststehenden Wendungen,** z. B. *s'en aller* (weggehen), *s'intéresser à* (sich interessieren für).	Nous **nous en allons** avec Bertrand. Son fils **s'intéresse à** la musique depuis l'âge de trois ans.

BESONDERS NÜTZLICH

Unterschiede zwischen dem Französischen und dem Deutschen

Nicht alle Verben, die im Französischen reflexiv sind, sind es auch im Deutschen – und umgekehrt:
s'endormir (einschlafen), **se** lever (aufstehen), **se** réveiller (aufwachen)
bouger (**sich** bewegen), tourner (**sich** drehen), séjourner (**sich** aufhalten)

7.2 Die Zeitformen des Verbs (les temps des verbes)

Alle im Folgenden behandelten Zeitformen gehören dem Indikativ an. Der Indikativ ist der Modus *(mode indicatif)*, mit dem ein Sachverhalt in einen **zeitlichen Ablauf** eingeordnet wird (↑ S. 56).

BLICKPUNKT

Zeitformen

Passé (Vergangenheit)	Présent (Gegenwart)	Futur (Zukunft)
Passé composé (Perfekt, ↑ S. 48) Imparfait (Imperfekt, ↑ S. 50) Passé simple (besondere Vergangenheitsform in der geschriebenen Sprache, ↑ S. 51) Plus-que-parfait (Plusquamperfekt, ↑ S. 52)	Présent (Präsens, ↑ S. 47)	Futur simple (Futur I, ↑ S. 54) Futur antérieur (Futur II, ↑ S. 55)

7.2.1 Das Présent (Präsens)

Bildung

- Für die Verben auf *-er*, *-ir*, *-re*, *-oir* und unregelmäßige Verben: ↑ S. 40–43.
- Für die Verben *être* und *avoir:* ↑ S. 43, 44.
- Für die reflexiven Verben: ↑ S. 46.

Gebrauch

Das Présent wird benutzt, um:

■ **Vorgänge** oder **Zustände** in der Gegenwart darzustellen,	Il **va** à l'école. Les enfants **jouent** à la balle.
■ die **Zukunft** auszudrücken, wenn eine klare Zeitangabe vorhanden ist,	**Demain**, je pars à Orléans.
■ **Gewohnheiten** und **Wiederholungen** zu beschreiben,	Tous les dimanches, **il nage** deux heures. À Berlin, **je prends** toujours le métro.
■ **Inhaltsangaben** von Büchern und Artikeln zu machen oder	L'histoire **raconte** les malheurs de Jeanne.
■ **allgemeingültige Dinge** zu beschreiben.	Rome **est** la capitale de l'Italie.

7.2.2 Das Passé composé (Perfekt)

Das Passé composé ist eine zusammengesetzte Zeit und wird ähnlich wie im Deutschen gebildet.

Bildung

Das Passé composé wird mit der **Präsensform** der Hilfsverben *avoir* oder *être* (↑ S. 43, 44) und dem **Partizip Perfekt** (↑ S. 61) des Vollverbs gebildet.

– mit ***avoir***

Singular	Plural
j'**ai** parlé	nous **avons** parlé
tu **as** parlé	vous **avez** parlé
il/elle/on **a** parlé	ils/elles **ont** parlé

– mit ***être***

Singular	Plural
je **suis** entré(e)	nous **sommes** entré(e)s
tu **es** entré(e)	vous **êtes** entré(e)(s)
il **est** entré	ils **sont** entrés
elle **est** entrée	elles **sont** entrées
on **est** entré(e)(s)	

Gebrauch

Das Passé composé wird verwendet, um **Ereignisse**, die **in der Vergangenheit** stattgefunden haben, wiederzugeben:

- **Handlungen,** die sich nur einmal zu einem bestimmten Zeitpunkt ereignet haben,
  L'an dernier, je suis allée au Mexique.
- eine **Kette** von Handlungen in der Vergangenheit,
  D'abord nous **sommes allés** à la plage, **puis** nous **avons joué** au tennis et **ensuite** nous **avons rencontré** des amis. Quelle journée!
- eine **Wiederholung** von Handlungen in der Vergangenheit.
  Ce film, je l'**ai vu** cinq fois!

Das Passé composé mit avoir

Bildung und Merkmale

■ Die **meisten Verben** bilden das Passé composé mit *avoir.*	
■ *être* und *avoir* bilden das Passé composé mit *avoir.*	j'**ai** été (ich bin gewesen), tu **as** été, il/elle/on **a** été, nous **avons** été, vous **avez** été, ils/elles **ont** été. j'**ai** eu (ich habe gehabt), tu **as** eu, il/elle/on **a** eu, nous **avons** eu, vous **avez** eu, ils/elles **ont** eu.
■ In der **Verneinung** des Passé composé umschließt *ne … pas* das Hilfsverb. *Ne* wird vor Vokal und stummem *h* **immer** apostrophiert.	Je **n'**ai **pas** mangé à midi. Vous **n'**avez **pas** lu le journal aujourd'hui.
■ Bei der **Inversionsfrage** (↑ S. 73) steht das Hilfsverb vor dem Subjektpronomen.	**Avez**-vous **travaillé** hier?

Veränderlichkeit des Partizip Perfekts

■ Bei der Bildung des Passé composé mit *avoir* bleibt das Partizip Perfekt in der Regel **unverändert.**	Nous **avons** bien **dormi.** Nous **avons bu** un coca.
■ *Ausnahmen:* Es richtet sich in Geschlecht und Zahl nach dem direkten Objekt, wenn dieses **vor dem** Verb steht. Es kann	
– ein **Personalpronomen** sein: *me, te, le, la, nous, vous, les,*	Voilà **les pommes**, je **les** ai achet**ées** au marché.
– das **Relativpronomen** *que* sein,	Où sont **les poires que** j'ai achet**ées?**
– ein **Fragewort** sein: *quel* + Nomen oder *combien de* + Nomen.	**Quels melons** as-tu achet**és?** (Welche Melonen) **Combien de maisons** as-tu visit**ées?** (Wie viele Häuser)

Das Passé composé mit être

Merkmale

■ Nur wenige, dafür aber häufig gebrauchte Verben bilden das Passé composé mit *être.*	venir: je **suis** venu(e) aller: je **suis** allé(e)
■ Die Verben, die eine **Bewegungsrichtung** ausdrücken, bilden das Passé composé mit *être* (↑ S. 44).	entrer ↔ sortir sortir ↔ partir monter ↔ descendre tomber, retourner, rentrer
Ausnahmen bilden einige Verben, die eine Bewegungsrichtung ausdrücken, das Passé composé jedoch mit *avoir* bilden.	marcher → j'**ai** marché courir → j'**ai** couru nager → j'**ai** nagé rouler → j'**ai** roulé
■ Die Verben *rester* (bleiben), *naître* (geboren werden) und *mourir* (sterben) werden ebenfalls mit *être* konjugiert.	Je **suis** resté(e) trois jours à Paris. Elle **est** née en 1960. Malheureusement, il **est** mort il y a trois jours.
■ Alle **reflexiven** Verben (↑ S. 46) bilden das Passé composé mit *être.*	je **me suis** levé(e), tu **t'es** levé(e), il **s'est** levé, elle **s'est** levée, on **s'est** levé(e)(s), nous **nous sommes** levé(e)s, vous **vous êtes** levé(e)(s), ils **se sont** levés, elles **se sont** levées

Veränderlichkeit des Partizip Perfekts

■ Bei der Bildung des Passé composé mit *être* richtet sich das Partizip Perfekt normalerweise in **Geschlecht** und **Zahl** nach dem **Subjekt.**	Elle est partie à 8 h. Les filles sont rentrées ce matin. Ils ne **se** sont pas lavés.
■ Es bleibt unverändert, wenn – einem reflexiven Verb ein **direktes Objekt** folgt. In diesem Fall ist das Reflexivpronomen indirektes Objekt.	Elle s'est lavé **les mains.**
– ein Verb eine Ergänzung mit **à** hat,	Nous nous sommes téléphoné. **(téléphoner à)** Ils se sont parlé. **(parler à)**
– eine reflexive Konstruktion mit se *faire* vorliegt.	Elle **s'est fait** opérer.

7.2.3 Das Imparfait (Imperfekt)

Das Imparfait ist eine Zeitform der Vergangenheit und lässt sich im Gebrauch **nicht mit dem deutschen Imperfekt vergleichen.**

Bildung

■ Das Imparfait wird aus dem **Stamm der 1. Person Plural Präsens** *(nous)* gebildet.

Präsens: **nous pren**-ons → Imparfait: **je pren**-ais

An diesen Stamm werden die Imparfait-Endungen angehängt.

Singular	Plural
je port**ais**	nous port**ions**
tu port**ais**	vous port**iez**
il/elle/on port**ait**	ils/elles port**aient**

■ Dies gilt für fast alle Verben. Ausnahmen sind *être* und *falloir.*

nous sommes → j'**étais**
il faut → il **fallait**

■ Zum Erhalt **der Aussprache** werden in den Imparfait-Formen bei
- Verben auf *-cer (commencer)* **-c** zu **ç** [s] und
- bei Verben auf *-ger (manger)* **-g** zu **-ge** [ʒ] (↑ S. 41).

- je/tu commen**çais**, il/elle/on commen**çait,** nous commen**cions,** vous commen**ciez,** ils/elles commen**çaient**
- je/tu man**geais**, il/elle/on man**geait,** nous man**gions,** vous man**giez,** ils/elles man**geaient**

Gebrauch

Das Imparfait beschreibt in der Vergangenheit	Aujourd'hui, elle habite à Paris.
■ Zustände,	**Avant,** elle **habitait** à Rome.
■ gewohnheitsmäßige Handlungen,	Tous les matins, elle **prenait** un café à 7 h 35.
■ Rahmenbedingungen und	Il **faisait** beau et ils **étaient** heureux.
■ steht in irrealen Bedingungssätzen mit *si* (↑ S. 79).	Si nous **avions** une voiture, on irait à la plage.

BESONDERS NÜTZLICH

Unterschiede zwischen Imparfait und Passé composé

- Erinnerungen stehen im Imparfait. (Frage: Wie war es?)
  Quand j'étais jeune, je n'**aimais** pas les grandes villes.
- Das Vergangene ist zeitlich unbegrenzt.
  Avant, il **travaillait** beaucoup.
- Bestimmte **Ausdrücke** lösen das **Imparfait** aus: avant, à cette époque-là, tous les jours, chaque année, souvent, l'année dernière, quelquefois.
- Ereignisse und Handlungen stehen im Passé composé. (Frage: Was geschah?)
  Un jour, mon frère et moi, nous **avons acheté** un vélo rouge.
- Das Vergangene ist zeitlich begrenzt.
  De 1978 à 1981 j'ai été à Paris.
- Bestimmte **Ausdrücke** lösen das **Passé composé** aus: un soir, le lendemain, le mardi 23 février, cette année, une fois, tout à coup, à ce moment-là.
- In einer **Erzählung** der Vergangenheit wird das **Imparfait** für **Beschreibungen** und **Zustände** verwendet, **das Passé composé** für die Wiedergabe von **Ereignissen.**
  Quand il **est arrivé,** il **faisait** beau et nous **jouions** au tennis.

7.2.4 Das Passé simple

Das Passé simple ist eine Zeitform der Vergangenheit, die **in der deutschen Sprache keine Entsprechung** hat.

Bildung

- An den **Stamm des Infinitivs** werden die Passé-simple-Endungen angehängt. Die **Verben auf** ***-er*** enden auf *-ai, -as, -a, -âmes, -âtes, -èrent.*

Singular	Plural
je trouv**ai**	nous trouv**âmes**
tu trouv**as**	vous trouv**âtes**
il/elle/on trouv**a**	ils/elles trouv**èrent**

- Die **regelmäßigen** Verben auf *-ir* und *-dre* enden im Passé simple auf *-is, -it, -îmes, -îtes, -irent.*

Singular	Plural	Singular	Plural
je fin**is**	nous fin**îmes**	j'attend**is**	nous attend**îmes**
tu fin**is**	vous fin**îtes**	tu attend**is**	vous attend**îtes**
il/elle/on fin**it**	ils/elles fin**irent**	il/elle/on attend**it**	ils/elles attend**irent**

- Bei den **unregelmäßigen** Verben gibt es
  – Endungen auf *-is, -it, -îmes, -îtes, -irent* und

dire	→	il/elle/on **dit**	ils/elles **dirent**
voir	→	il/elle/on **vit**	ils/elles **virent**
faire	→	il/elle/on **fit**	ils/elles **firent**

  – Endungen auf *-us, -ut, -ûmes, -ûtes, -urent.*

lire	→	il/elle/on **lut**	ils/elles **lurent**
savoir	→	il/elle/on **sut**	ils/elles **surent**
boire	→	il/elle/on **but**	ils/elles **burent**

Gebrauch

- Die Formen der **3. Person** Singular und Plural *il/elle/on, ils/elles* werden am häufigsten benutzt.
- Das Passé simple hat ähnliche Funktionen wie das Passé composé (↑ S. 48), wird aber fast nur in der **geschriebenen Sprache** gebraucht. Es kommt hauptsächlich in Erzählungen (Romanen, Märchen etc.) und in historischen Berichten (Geschichtsbüchern, Biografien etc.) vor.

Ils **finirent** leur café, **allumèrent** la cheminée et **racontèrent** des histoires aux enfants.
C'était la nuit et Marie dormait profondément. Tout à coup, elle **entendit** un bruit dans le jardin. Elle **appela** son père, mais il ne **répondit** pas.
Napoléon **naquit** en 1769 et il **devint** empereur en 1804.

7.2.5 Das Plus-que-parfait (Plusquamperfekt)

Das Plus-que-parfait ist eine zusammengesetzte Zeitform der Vergangenheit und entspricht in Bildung und Gebrauch dem deutschen Plusquamperfekt.

Bildung

- Das Plus-que-parfait wird mit dem **Imparfait** der Hilfsverben *être* oder *avoir* (↑ S. 44, 45) und dem **Participe passé** (↑ S. 61) des Vollverbs gebildet.
  – mit *avoir*

Singular	Plural
j'**avais** acheté	nous **avions** acheté
tu **avais** acheté	vous **aviez** acheté
il/elle/on **avait** acheté	ils/elles **avaient** acheté

  – mit *être*

Singular	Plural
j'**étais** allé(e)	nous **étions** allé(e)s
tu **étais** allé(e)	vous **étiez** allé(e)(s)
il **était** allé/elle **était** allée/on **était** allé(e)(s)	ils **étaient** allés/elles **étaient** allées

- Die **Veränderlichkeit** des Participe passé und die Stellung der **Verneinungselemente** folgt denselben Regeln wie beim Passé composé (↑ S. 48).

Quand Pierre lui a téléphoné, elle **était** déjà **partie.** (Als Pierre sie anrief, war sie schon gegangen.)
Quand nous sommes partis, la police **n'était pas** encore **arrivée.** (Als wir weggegangen sind, war die Polizei noch nicht eingetroffen.)

Gebrauch

Im Plus-que-parfait steht eine Handlung in der Vergangenheit, die noch **vor einer anderen Handlung in der Vergangenheit** abgeschlossen war. Es heißt deshalb auch **Vorvergangenheit.**

Quand Sophie est rentrée, sa mère **avait** déjà **préparé** le dîner. (Als Sophie nach Hause kam, hatte ihre Mutter das Abendessen schon vorbereitet.)

7.2.6 Das Passé récent (unmittelbare Vergangenheit)

Bildung und Merkmale

- Das Passé récent wird mit *venir de* + Infinitiv des Verbs gebildet.

Singular	Plural
je **viens de téléphoner**	nous **venons de téléphoner**
tu **viens de téléphoner**	vous **venez de téléphoner**
il/elle/on **vient de téléphoner**	ils/elles **viennent de téléphoner**

- *venir de* steht ohne weitere Zeitangabe.

Il **vient de passer** chez moi. (Er ist gerade bei mir vorbeigekommen.)
Nous **venons d'arriver.** On vous attend. (Wir sind gerade gekommen. Wir warten auf euch/Sie.)

7.2.7 Das Futur proche (nahe Zukunft)

Bildung und Merkmale

- Das Futur proche setzt sich aus *aller* + Infinitiv des Verbs zusammen. Es wird im Deutschen mit dem Präsens wiedergegeben.

Singular	Plural
je **vais partir**	nous **allons partir**
tu **vais partir**	vous **allez partir**
il/elle/on **va partir**	ils/elles **vont partir**

- Die Verneinung wird mit *ne* + *aller* + *pas* + Infinitiv gebildet.

Elle **ne** va **pas** venir. (Sie wird nicht kommen.)

Gebrauch

■ Das Futur proche wird in der gesprochenen Sprache sehr oft anstelle des Futur simple (↑ S. 54) verwendet.	Nous **allons visiter** Venise, ce printemps. (Dieses Frühjahr fahren wir nach Venedig.)
■ Es wird benutzt,	
– um absehbare Veränderungen, wie z. B. Pläne oder Absichten wiederzugeben,	Nous **allons avoir** un bébé. On **va recevoir** nos cousins de la Réunion.
– wenn man davon ausgeht, dass etwas geschehen wird.	Il y a de gros nuages noirs, il **va pleuvoir.**

7.2.8 Das Futur simple (Futur I)

Im Unterschied zum Futur proche ist das Futur simple keine zusammengesetzte, sondern ein einfache Zeit, d. h., es besteht aus **einer** Verbform. Es wird im Französischen viel öfter benützt als im Deutschen, das dafür oft die Präsensform verwendet.

Bildung

- Das Futur der Verben auf *-er* wird gebildet, indem an die **1. Person Singular Präsens** *(je)* die Futur simple-**Endungen** *-rai, -ras, -ra, -rons, -rez, -ront* angehängt werden.

Singular	Plural
je parle**rai**	nous parle**rons**
tu parle**ras**	vous parle**rez**
il/elle/on parle**ra**	ils/elles parle**ront**

- Das gilt auch für die Verben, die im Präsens eine **Stammänderung** aufweisen.

appeler	→	j'appe**lle**	→	j'appelle**rai**
se lever	→	je me l**è**ve	→	je me lève**rai**
essayer	→	j'essa**ie**	→	j'essaie**rai**

- Die Verben auf *-er*, deren letzte Stammsilbe mit einem *-é* endet, können das *-é* auch wie im Infinitiv beibehalten. Die Aussprache bleibt aber [ɛ].

r**é**gler	→	je r**è**gle	→	je r**è**gle**rai** oder r**é**gle**rai**
rép**é**ter	→	je rép**è**te	→	je rép**è**te**rai** oder rép**é**te**rai**

- Das Futur der Verben auf *-ir* und *-re* wird gebildet, indem an den Infinitiv (ohne *-r* bzw. *-re*) die Endungen des Futur simple angehängt werden.

finir	→	je fini**rai**	prendre	→	nous prend**rons**
partir	→	tu parti**ras**	attendre	→	vous attend**rez**
découvrir	→	il/elle/on découvri**ra**	croire	→	ils/elles croi**ront**

BESONDERS NÜTZLICH

Sonderformen

mit Doppel-*r*			mit einem *-r*			mit eingeschobenem *-d*		
courir	→	je courrai	avoir	→	j'aurai	falloir	→	il faudra
envoyer	→	j'enverrai	être	→	je serai	tenir	→	je tiendrai
pouvoir	→	je pourrai	aller	→	j'irai	venir	→	je viendrai
voir	→	je verrai	devoir	→	je devrai	se souvenir	→	je me souviendrai
			faire	→	je ferai	vouloir	→	je voudrai
			recevoir	→	je recevrai			
			s'asseoir	→	je m'assiérai			
			savoir	→	je saurai			

Gebrauch

- Das Futur simple wird in der **geschriebenen Sprache** gebraucht, wenn Handlungen oder Zustände in der Zukunft stattfinden/eintreten.

  Le mariage **aura** lieu le 3 juin à 16 h.
  Après la cérémonie, **il y aura** une réception.
  Les invités **boiront** du champagne.

- Das Futur simple wird **auch** in **der gesprochenen Sprache** verwendet. Im Deutschen steht dann meist das Präsens.

  Quand tu **auras** 18 ans, tu **passeras** ton permis.
  (Wenn du 18 bist, machst du deinen Führerschein.)
  J'espère qu'il **viendra.** (Ich hoffe, er kommt.)

- Das **Präsens** kann auch im Französischen in der gesprochenen Sprache das Futur ausdrücken, wenn eine klar bestimmte **Zeitangabe** dabei ist oder die Vorgänge sich **nahe an der Gegenwart** abspielen.

  Qu'est-ce que tu **fais samedi soir?**
  Je **vais** à un concert et tu **vas** m'accompagner.

- Das Futur simple steht im Hauptsatz eines realen Bedingungssatzes (↑ S. 79).

  Si tu réussis à l'examen, je t'**achèterai** un vélo.

7.2.9 Das Futur antérieur (Futur II)

Bildung und Merkmale

- Das Futur antérieur setzt sich aus dem Futur I der Hilfsverben *avoir* oder *être* (↑ S. 44, 45) und dem Participe passé zusammen (↑ S. 61).
  – mit ***avoir***

Singular	Plural
j'**aurai** acheté	nous **aurons** acheté
tu **auras** acheté	vous **aurez** acheté
il/elle/on **aura** acheté	ils/elles **auront** acheté

  – mit ***être***

Singular	Plural
je **serai** arrivé(e)	nous **serons** arrivé(e)s
tu **seras** arrivé(e)	vous **serez** arrivé(e)(s)
il **sera** arrivé/elle **sera** arrrivée/on **sera** arrivé(e)(s)	ils/elles **seront** arrivé(e)s

- Bei der **Verneinung** umschließen die Verneinungspartikel das Hilfsverb.

  Nous **n'**aurons **pas** terminé à temps.

- Die Veränderlichkeit des Partizips erfolgt wie beim Passé composé (↑ S. 48).

  Elle sera arrivé**e**. **Ils se** seront lev**és**.
  Cette rédaction, il **l'**aura terminé**e** avant 16 h.

Gebrauch

- Das Futur antérieur drückt **zukünftige Handlungen** aus, die **vor einem Zeitpunkt in der Zukunft** abgeschlossen sein werden. Oft wird dieser Zeitpunkt dabei genannt. Im Deutschen steht dafür oft das Perfekt.

  Tu regarderas la télé quand **tu auras fini** tes devoirs.
  Demain, à 8 h, il **aura reçu** mon message.
  (... wird er meine Nachricht erhalten haben/ ... hat er meine Nachricht erhalten.)

- Das Futur antérieur drückt auch **Vermutungen** über Vergangenes in der Zukunft aus.

  Elle n'est pas là. Elle **aura oublié** notre rendez-vous. (wird ... vergessen haben)

7.3 Die Modi (les modes des verbes)

Im Französischen gibt es **vier verschiedene** Modi. Der Indikativ ist z. B. der Modus, mit dem ein Sachverhalt in einen zeitlichen Ablauf eingeordnet wird (↑ S. 47). Der Subjonctif z. B. drückt die subjektive Einstellung des Sprechenden zum Gesagten aus (↑ S. 58).

BLICKPUNKT

Indicatif	Impératif	Conditionnel	Subjonctif
		Conditionnel présent (Konditional I) Conditionnel passé (Konditional II)	Subjonctif présent Subjonctif passé

7.3.1 Der Imperativ (l'impératif)

Die Befehlsform verwendet man im Französischen für **Aufforderungen** und **Vorschläge.** Eine Bitte in der Befehlsform wirkt im Französischen unhöflich.

Bildung

■ Die Verbformen werden vom Präsens der **2. Person Singular** *(tu)* und der **1.** und **2. Person Plural** *(nous, vous)* abgeleitet.	manger → mange!, mange**ons**!, mang**ez**! dormir → dors!, dorm**ons**!, dorm**ez**! faire → fais!, fais**ons**!, faites!
■ Bei den Verben auf *-er* fällt dabei in der 2. Person Singular *(tu)* das **auslautende -*s*** weg, allerdings nicht in Verbindung mit den Pronomen *en* und *y* (↑ S. 31).	travailler → travaille! aller → **va!** (geh), **allons!, allez!** **Vas-y!, Manges-en!**
■ Die drei Imperativformen stehen ohne Subjektpronomen:	
– für eine Person: 2. Person Singular (ohne *tu*)	**Achète** des croissants! (Kauf Croissants!)
– für eine Gruppe: 1. Person Plural (ohne *nous*)	**Allons** au cinéma! (Gehen wir ins Kino!)
– für mehrere Personen/für eine Person in der Höflichkeitsform: 2. Person Plural (ohne *vous*)	**Prenez** le train! (Nehmt den Zug!/Nehmen Sie den Zug!)
■ Beim verneinten Imperativ umschließen die Verneinungspartikel, z. B. *ne ... pas*, das Verb.	**Ne** mange **pas** cette poire! (Iss nicht diese Birne!) N'attendons **plus!** (Warten wir nicht mehr!)
■ Einige wenige unregelmäßige Verben haben unregelmäßige Imperative.	avoir → **aie, ayons, ayez** être → **sois, soyons, soyez** savoir → **sache, sachons, sachez**
■ Stellung der Pronomen beim bejahten Imperativ: ↑ S. 29, 34.	

7.3.2 Das Conditionnel (Konditional)

Das Conditionnel ist der Modus, mit dem **Möglichkeiten** oder **hypothetische** Satzgefüge ausgedrückt werden. Es kann aber auch **rein temporale Funktion** haben, z. B. in der indirekten Rede (↑ S. 80). Im Französischen gibt es **zwei** Formen: das Conditionnel présent und das Conditionnel passé.

Das Conditionnel présent

Bildung

- Das Conditionnel présent wird aus denselben **Verbstämmen** gebildet wie das Futur I (↑ S. 54). Daran werden die **Endungen** *-rais, -rais, -rait, -rions, -riez, -raient* angehängt.

Singular	Plural
j'arrive**rais** (ich würde ankommen)	nous arrive**rions**
tu arrive**rais**	vous arrive**riez**
il/elle/on arrive**rait**	ils/elles arrive**raient**

Gebrauch

- Das Conditionnel présent verwendet man bei:
  - einer **höflichen Bitte** mit *pouvoir* oder *vouloir,* — **Pourriez**-vous m'aider? (Könnten Sie ...?) **Voudriez**-vous ouvrir la fenêtre? (Würden Sie ...?)
  - einer **Möglichkeit** mit *pouvoir,* — Je **pourrais** partir en train. (Ich könnte ...)
  - einem **Rat** oder **Vorschlag** mit *devoir,* — On **devrait** marcher souvent. (Wir sollten ...)
  - einem **Wunsch** mit *aimer* oder *vouloir,* — J'**aimerais** visiter la Chine. (Ich würde gerne ...)
  - einer **Vermutung.** — Elle **serait** très malade. (Sie soll ... sein.)
- Das Conditionnel présent steht in irrealen Bedingungssätzen (↑ S. 79) **immer im Hauptsatz, nie im *si*-Satz.** — **Si** j'avais de l'argent, je **pourrais** acheter une voiture. (Wenn ich Geld hätte, könnte ich ein Auto kaufen).

Das Conditionnel passé

Bildung

- Das Conditionnel passé setzt sich aus dem **Conditionnel présent** der Hilfsverben *avoir* und *être* (↑ S. 44, 45) und dem **Participe passé** des Vollverbs (↑ S. 61) zusammen.
  - mit ***avoir***

Singular	Plural
j'**aurais** mangé (ich hätte gegessen)	nous **aurions** mangé
tu **aurais** mangé	vous **auriez** mangé
il/elle/on **aurait** mangé	ils/elles **auraient** mangé
nous **aurions** mangé	

  - mit ***être***

Singular	Plural
je **serais** arrivé(e) (ich wäre angekommen)	nous **serions** arrivé(e)s
tu **serais** arrivé(e)	vous **seriez** arrivé(e)(s)
il **serait** arrivé/elle **serait** arrivée	ils/elles **seraient** arrivé(e)s
on **serait** arrivé(e)(s)	

- Die **Veränderlichkeit** des Participe passé folgt denselben Regeln wie beim Passé composé (↑ S. 48).
- Bei der **Verneinung** umschließen die Verneinungspartikeln, z. B. *ne ... pas, ne ... plus,* das Hilfsverb.

Je **ne** serais **pas** parti(e). (Ich wäre nicht weggegangen.)

- Die Pronomen stehen **vor** dem Hilfsverb (↑ S. 33).

Je **le lui** aurais donné. (Ich hätte es ihm/ihr gegeben.)

Gebrauch

■ Das Conditionnel passé bezeichnet eine **Möglichkeit,** deren **Realisierung** aber **ausgeschlossen** ist, da die dafür notwendigen Bedingungen schon in der Vergangenheit hätten erfüllt sein müssen.	En cas d'urgence, je **serais venu.** (Im Notfall wäre ich gekommen.)
■ Das Conditionnel passé steht in irrealen Bedingungssätzen (↑ S. 79) **immer im Hauptsatz, nie im *si*-Satz.**	**Si** j'avais eu de l'argent, j'**aurais fait** le tour du monde. (Wenn ich Geld gehabt hätte, hätte ich eine Weltreise gemacht.)

7.3.3 Der Subjonctif

Der Subjonctif ist eine **Besonderheit** der französischen Sprache und hat keine Entsprechung im Deutschen. Er hat eine **eigene Verbform** und drückt eine bestimmte **Sprechhaltung** aus: Er ist die Ausdrucksform der **Subjektivität** – im Unterschied zum Indikativ (↑ S. 47). In vielen Fällen hilft die Grundregel: „Wenn das Herz spricht, steht Subjonctif."

Der Subjonctif présent

Bildung

- Der Subjonctif wird gebildet aus dem Stamm der **3. Person Plural Präsens** *(ils/elles)* und den **Endungen** *-e, -es, -e, -ions, -iez, -ent.*
- Die **Endungen** der **1.** und **2. Person Plural** entsprechen denen des Imparfait (↑ S. 50).
- Bei allen anderen Personen entsprechen sie den **Präsensendungen** der Verben auf *-er* (↑ S. 40).

Singular	Plural
que je dorm**e**	que nous dorm**ions**
que tu dorm**es**	que vous dorm**iez**
qu'il/elle/on dorm**e**	qu'ils/elles dorm**ent**

- Die Verben mit ***-y*** im Stamm werden in der 1. und 2. Person Plural ***-yions*** und ***-yiez*** geschrieben.

envo**yer** → que nous envo**yions,** que vous envo**yiez**
ebenso: essayer, s'ennuyer

- Die Verben mit Stamm auf ***-i***, lauten in der 1. und 2. Person Plural ***-iions*** und ***-iiez.***

étud**ier** → que nous étud**iions**, que vous étud**iiez**
ebenso: cr**ier**

- Die häufigsten unregelmäßigen Verben sind *avoir, être, aller* und *faire.*

avoir	→	que j'aie, tu aies, il/elle/on ait, nous ayons, vous ayez, ils/elles aient
être	→	que je sois, tu sois, il/elle/on soit, nous soyons, vous soyez, ils/elles soient
aller	→	que j'aille, tu ailles, il/elle/on aille, nous allions, vous alliez, ils/elles aillent
faire	→	que je fasse, tu fasses, il/elle/on fasse, nous fassions, vous fassiez, ils/elles fassent

- Weitere unregelmäßige Verben: ↑ Buchdeckel hinten.

Gebrauch

Der Subjonctif steht im Nebensatz (↑ S. 77). Er wird durch bestimmte Verben + *que* ausgelöst. Der Nebensatz hat ein anderes Subjekt als der Hauptsatz.

■ Der Subjonctif steht nach Verben, die eine **Willensäußerung** ausdrücken.

Je **souhaite que** vous **partiez** tout de suite.

Dazu gehören Äußerungen
- eines **Wunschs:** *aimer que* (mögen), *demander que* (verlangen), *souhaiter que* (wünschen), *désirer que* (wünschen), *vouloir que* (wollen)
- eines **Befehls:** *exiger que* (verlangen), *ordonner que* (befehlen), *dire que* (auffordern)
- einer **Erlaubnis** oder eines **Verbots:** *permettre que* (erlauben), *défendre que* (verbieten), *interdire que* (untersagen)

■ nach Wendungen, die eine **Gefühlsäußerung** ausdrücken:

Il **s'étonne que** nous **soyons** si contents.

Dazu gehören Äußerungen
- **des Erstaunens:** *s'étonner que* (erstaunt sein), *être surpris que* (überrascht sein)
- **von Freude, Trauer, Ärger:** *être content que* (zufrieden sein), *être enchanté que* (erfreut sein), *être heureux que* (glücklich sein), *être triste que* (traurig sein), *être fâché que* (verärgert sein)
- **von Zweifel und Angst:** *craindre que* (Angst haben), *douter que* (zweifeln), *avoir peur que* (Angst haben)
- **des Bedauerns**: *regretter que* (bedauern)

■ nach Verben des **Denkens** und **Meinens,** wenn diese **verneint** oder **fragend** verwendet werden:

Je **ne crois pas qu'**il **soit** vraiment malade.

Dazu gehören:
penser que (denken), *croire que* (glauben), *trouver que* (finden), *être sûr que* (sicher sein)
Ausnahme: Nach *espérer que* (hoffen) steht **nie** Subjonctif.

■ nach **unpersönlichen Wendungen:**

Il faut que vous **soyez** à l'heure demain.

Dazu gehören :
il faut (faudrait) que (man muss/müsste), *il vaut mieux que* (es ist besser), *il est bon que* (es ist gut), *il est important que* (es ist wichtig), *il est faux/juste que* (es ist falsch/richtig), *il est possible/impossible que* (es ist möglich/unmöglich), *il est nécessaire que* (es ist notwendig), *il est normal que* (es ist normal)

■ nach **Befehlen** mit *que* in der 3. Person Singular oder Plural:

Que personne ne **sorte! Que** les élèves **soient** ici à 9 heures!

■ nach einigen **Konjunktionen** (↑ S. 82):

Je vous prête ma voiture **pour que** vous puissiez partir.

Zu diesen Konjunktionen gehören:
à condition que (unter der Bedingung), *afin que* (damit), *avant que* (bevor), *bien que* (obwohl), *pour que* (damit), *jusqu'à ce que* (bis), *sans que* (ohne)
■ Nach folgenden Konjunktionen steht **nie** der Subjonctif:
après que (nachdem), *parce que* (weil), *aussitôt que* (sobald), *tandis que* (während), *depuis que* (seit)

GRAMMATIK

Der Subjonctif passé

Gebrauch

Der Subjonctif passé setzt sich aus dem Subjonctif présent der Hilfsverben *avoir* und *être* (↑ S. 44, 45) und dem Participe passé des Vollverbs (↑ S. 61) zusammen.

- mit *avoir*

Singular	Plural
que j'**aie** travaillé	que nous **ayons** travaillé
que tu **aies** travaillé	que vous **ayez** travaillé
qu'il **ait** travaillé	qu'ils **aient** travaillé
qu'elle **ait** travaillé	qu'elles **aient** travaillé
qu'on **ait** travaillé	

- mit *être*

Singular	Plural
que je **sois** sorti(e)	que nous **soyons** sorti(e)s
que tu **sois** sorti(e)	que vous **soyez** sorti(e)(s)
qu'il **soit** sorti	qu'ils **soient** sortis
qu'elle **soit** sortie	qu'elles **soient** sorties
qu'on **soit** sorti (e)(s)	

- Die Veränderlichkeit des Participe passé folgt denselben Regeln wie beim Passé composé (↑ S. 48).

Nous regrettons qu'elle ne soit pas venu**e.**
Je regrette qu'il ne les ait pas invit**és.**

Gebrauch

Der Subjonctif passé steht im Nebensatz nach Subjonctif-Auslösern nur für eine bereits **abgeschlossene Handlung.**

Il est triste que ses amis **soient** déjà **partis.**

BESONDERS NÜTZLICH

Ersetzen des Subjonctifs durch einen Infinitiv

Im Französischen können viele Verben statt des Subjonctifs auch eine **Infinitivkonstruktion** nach sich ziehen; vor allem, wenn Hauptsatz und Nebensatz das **gleiche Subjekt** haben.

Je suis désolé que **je** sois en retard. → Je suis désolé(e) **d'être** en retard.
Il faut que j'aille à l'école. → Je **dois aller** à l'école.

GRAMMATIK

7.4 Partizip und Gerundium (le participe et le gérondif)

7.4.1 Das Partizip (le participe)

Formen

Man unterscheidet **zwei Arten** von Partizipien: ■ das **Participe passé** (Partizip Perfekt) und ■ das **Participe présent** (Partizip Präsens).	 Il a **disparu** à cinq heures du matin. Les élèves **partant** à pied arrivent à l'heure. (Die Schüler, die zu Fuß gehen, kommen pünktlich an.)

Das Participe passé

Bildung und Gebrauch

■ Das Partizip Perfekt hat verschiedene **Endungen:**	
– Verben auf *-er* haben die Endung *-é*,	travaill**er** → j'ai travaill**é** (ich habe gearbeitet)
– Verben auf *-ir* haben die Endung *-i*,	fin**ir** → vous avez fin**i** (ihr habt beendet)
– Verben auf *-dre* haben die Endung *-u*,	atten**dre** → il a attend**u** (er hat gewartet)
– Verben auf *-oir* haben häufig die Endung *-u*, sind jedoch oftmals unregelmäßig.	pouv**oir** → nous avons p**u** (wir haben gekonnt)
■ Viele unregelmäßige Verben haben auch **unregelmäßige** Partizipien (↑ Buchdeckel hinten).	pren**dre** → tu as **pris** (du hast genommen) faire → elle a **fait** (sie hat gemacht)
■ Das Partizip Perfekt wird zur Bildung folgender **zusammengesetzter Zeiten** verwendet:	
– Passé composé (↑ S. 48),	Il **a acheté** une voiture rouge.
– Plus-que-parfait (↑ S. 52),	Nous **étions revenus** très tôt.
– Futur antérieur (↑ S. 55),	Quand tu **auras lu** le journal, passe-le-moi!
– Conditionnel passé (↑ S. 57),	J'**aurais** bien **voulu** le voir.
– Subjonctif passé (↑ S. 60).	Tu es contente qu'il **ait acheté** la maison?
■ Es wird verwendet:	
– zur Bildung des **Passivs**,	Elle **est interrogée** par le directeur. (Sie wird vom Direktor befragt.)
– anstelle eines **Relativssatzes** (↑ S. 77),	La petite fille **qui** était restée seule, jouait avec sa poupée. → La petite fille, **restée** seule, jouait avec sa poupée.
– anstelle eines **Temporalsatzes** (↑ S. 78) oder	**Quand** le taxi est arrivé devant l'hôtel, il s'est arrêté. → **Arrivé** devant l'hôtel, le taxi s'est arrêté.
– anstelle eines **Kausalsatzes** (↑ S. 78).	**Comme** les étudiants avaient terminé leurs cours, ils sont allés au cinéma. → Leurs cours **terminés**, les étudiants sont allés au cinéma.
In diesen Konstruktionen richtet sich das Partizip Perfekt in **Genus** und **Numerus** nach dem **Subjekt.**	

Das Participe présent

Bildung

Das Participe présent wird gebildet aus dem **Stamm der 1. Person Plural** *(nous)* im Präsens und der Endung ***-ant.***

nous jou-ons → jou**ant**
nous finiss-ons → finiss**ant**
nous buv-ons → buv**ant**
nous fais-ons → fais**ant**

Ausnahmen:
avoir → **ayant**
être → **étant**
savoir → **sachant**

Gebrauch

Das Participe présent wird hauptsächlich in der **Schriftsprache** verwendet. Es ist **unveränderlich.**

Les passagers **voyageant** en direction de Paris doivent changer de wagon.

- In der Regel drückt die Partizipialkonstruktion einen Vorgang aus, der **gleichzeitig** zum Hauptsatz abläuft.

Voulant se reposer, elle s'est endormie.
(Als sie sich ausruhen wollte, ist sie eingeschlafen.)

- Es wird anstelle eines **Relativsatzes** (↑ S. 77) mit *qui* verwendet und bezieht sich immer auf das Satzglied, das ihm unmittelbar vorausgeht.

J'aime les livres **qui** racontent des histoires.
→ J'aime les livres **racontant** des histoires.
(Ich mag Bücher, die Geschichten erzählen.)

- Es wird anstelle eines **Kausalsatzes** (↑ S. 78) verwendet *(comme, parce que).*

Comme il avait du travail, il n'a pas pu venir.
→ **Ayant** du travail, il n'a pas pu venir.
(Da er viel Arbeit hatte, konnte er nicht kommen.)

7.4.2 Das Gérondif (das Gerundium)

Das Gérondif ist eine Verbform, mit der Sätze **verkürzt** werden können. Es wird sowohl in der gesprochenen als auch in der geschriebenen Sprache verwendet. Im Deutschen steht dafür ein Nebensatz oder ein zweiter Hauptsatz.

Bildung

Das Gérondif wird gebildet mit ***en*** und dem **Participe présent** des Verbs. Es ist **unveränderlich.**

jouant → **en** jou**ant**
finissant → **en** finiss**ant**
buvant → **en** buv**ant**
faisant → **en** fais**ant**
Elles se sont fait mal **en faisant** du ski.

- Bei den **reflexiven Verben** steht das Reflexivpronomen **zwischen** *en* und der Verbform.

En **se** levant, elle chante.

- Die **Objektpronomen** und die **Adverbialpronomen** stehen ebenfalls **zwischen** *en* und der Verbform.

Elle avait écrit la lettre en **l'**attendant.
Je l'ai rencontré en **y** allant.

Gebrauch

■ Für alle Gérondif-Konstruktionen gilt, dass sich das konjugierte Verb im Hauptsatz und das Gérondif auf das **gleiche Subjekt** beziehen.	Il téléphonait **en mangeant** un gros sandwich. (**Er** telefonierte und **(er)** aß ein großes Sandwich.)
■ Das Gérondif kann anstelle eines Modalsatzes das **Mittel** oder **die Art und Weise** ausdrücken.	Louis a gagné de l'argent **de la façon suivante:** il a travaillé comme mécanicien. → Louis a gagné de l'argent **en travaillant** comme mécanicien. (Louis hat Geld verdient, indem er/dadurch, dass er als Mechaniker gearbeitet hat.)
■ Es kann eine **Bedingung** anstelle eines Bedingungssatzes ausdrücken.	**S'il travaille** pendant les vacances, il ne pourra pas aller en Espagne. → **En travaillant** pendant les vacances, il ne pourra pas aller en Espagne. (Wenn er in den Ferien arbeitet, kann er nicht nach Spanien fahren.)
■ Es kann **Gleichzeitigkeit** anstelle eines Temporalsatzes ausdrücken.	Juliette mange des pommes **pendant qu**'elle regarde la télé. → Juliette mange des pommes **en regardant** la télé. (Juliette isst Äpfel beim Fernsehen/während des Fernsehens.)
■ *tout* kann die **Gleichzeitigkeit** noch unterstreichen oder einen **Gegensatz** hervorheben.	Vous travaillez **tout en écoutant** la radio? (Ihr arbeitet, sogar während ihr Radio hört?) Il est vite fatigué **tout en étant** un grand sportif. (Er ist schnell müde, obwohl er sehr sportlich ist.)

7.5 Die Verbergänzung (le complément de verbe)

BLICKPUNKT

Die meistens Verben stehen nicht für sich allein, sondern ziehen eine oder mehrere Ergänzungen nach sich. Eine Ergänzung kann ein Substantiv (Nomen) oder ein Verb in der Grundform (Infinitiv) sein.

substantivische (nominale) **Ergänzungen**
– ohne Präposition Il écrit **un roman.**
– mit Präposition Je téléphone **à Nicolas.** Il me parle **de son roman.**

Infinitivergänzungen
– ohne Präposition Il adore **faire** du kayac.
– mit der Präposition *à* Il apprend **à naviguer.**
– mit der Präposition *de* Il essaie **de naviguer** sans instrument.

Einige Verben ziehen eine substantivische **und** eine Infinitivergänzung nach sich.
Tu as promis **à ton ami de faire** du vélo avec lui.

7.5.1 Die substantivische Ergänzung

■ Eine **substantivische Ergänzung** kann ein **direktes Objekt** sein. Es steht **ohne Präposition** und entspricht dem Akkusativobjekt.	Il a acheté **une nouvelle moto.**
■ Eine **substantivische Ergänzung** kann ein **indirektes Objekt** mit der **Präposition** *à* sein und entspricht dem Dativobjekt.	Il la montre **à ses amis.**
■ Wenn zwei substantivische Ergänzungen vorhanden sind, steht das **direkte Objekt** direkt **nach dem Verb**.	Il **montre sa moto** à sa voisine aussi.
■ Ein **indirektes** Objekt kann auch durch ***de*** eingeleitet werden, seltener durch *sur* oder *pour*.	Elle se souviendra **de** son cadeau. (Sie wird sich an sein Geschenk erinnern.) Nous comptons **sur** votre visite. (Wir rechnen mit Ihrem Besuch.) Il se passionne **pour** le hand. (Er begeistert sich fürs Handball.)
■ Die substantivischen Ergänzungen können durch **Personalpronomen** und **Adverbialpronomen** ersetzt werden (↑ S. 28, 30, 31).	J'aide **mes voisins.** → Je **les** aide. Tu parles **à Lucie.** → Tu **lui** parles. Il s'occupe **des réservations.** → Il s'**en** occupe.
■ Die Ergänzungen der meisten französischen Verben stimmen mit dem Deutschen überein. In einigen Fällen gibt es jedoch **Unterschiede** (↑ S. 31).	Ludovic aide **son père.** (Akkusativ) (Ludovic hilft **seinem Vater.**) (Dativ) Il demande **à sa mère** de l'argent. (Dativ) (Er bittet **seine Mutter** um Geld.) (Akkusativ)

Übersicht

Direktes Objekt	Indirektes Objekt mit *à*	Indirektes Objekt mit *de*
aider qn (jdm. helfen) attendre qn/qc (auf jdn./etw. warten) autoriser qn (jdm. erlauben) croire qn/qc (jdm./etw. glauben) écouter qn/qc (jdm. zuhören/etw. hören) féliciter qn (jdm. gratulieren) remercier qn (jdm. danken) suivre qn/qc (jdm./etw. folgen)	demander à qn (jdn. fragen, bitten) jouer à qc (etw. spielen) mentir à qn (jdn. belügen) parler à qn (mit jdm. sprechen) rendre visite à qn (jdn. besuchen) téléphoner à qn (jdn. anrufen) s'intéresser à qn/qc (sich interessieren für jdn./etw.) penser à qn/qc (an jdn./etw. denken)	avoir besoin de qn/qc (jdn./etw. brauchen) changer de qc (wechseln, umsteigen) jouer d'un instrument (ein Instrument spielen) manquer de qc (fehlen) s'occuper de qn/qc (sich um jdn./etw. kümmern) parler de qn/qc (von jdn./etw. sprechen) se plaindre de qn/qc (sich über jdn./etw. beschweren) se protéger de qn/qc (sich vor jdn./etw. schützen) remercier qn de qc (sich bei jdm. für etw. bedanken) se tromper de qc (sich in etw. irren)

7.5.2 Die Infinitivergänzung

Infinitivergänzung mit Infinitiv ohne Präposition

- Eine Infinitivergänzung kann, wie im Deutschen, ein Infinitiv ohne Präposition sein, z. B. nach *devoir*, *pouvoir*, *savoir* oder *vouloir*.

On devrait **organiser** une compétition.
(Man sollte einen Wettkampft organisieren.)
Ils peuvent **danser** toute la nuit.
(Sie können die ganze Nacht tanzen.)
Vous savez **jouer** aux échecs?
(Können Sie Schach spielen?)
Il veut **participer** au séminaire.
(Er will an dem Seminar teilnehmen.)

- Im Französischen steht nach Verben wie *désirer*, *espérer*, *oser* oder *préférer* eine Infinitivergänzung ohne Präposition. Im Deutschen steht in diesen Fällen ein Infinitiv mit „zu".

Il **désire passer** un an à l'étranger.
(Er wünscht sich, ein Jahr im Ausland zu verbringen.)
Elle **espère trouver** une famille sympathique.
(Sie hofft, eine nette Familie zu finden.)
Il n'**ose** pas **demander** son chemin.
(Er wagt es nicht, nach dem Weg zu fragen.)
Tu préfères **utiliser** le GPS.
(Du zieht es vor, das Navigationssystem zu benutzen./Du benutzt lieber das ...)

Infinitivergänzung mit Infinitiv mit Präposition

- Eine Infinitivergänzung kann ein Infinitiv **mit** der **Präposition *à*** sein, z. B. nach *réussir,* oder **mit *de*,** z. B. nach *décider*.

Il a réussi **à convaincre** ses parents.
(Es ist ihm gelungen, seine Eltern zu überzeugen.)
Ils ont décidé **de partir** demain.
(Sie haben beschlossen, morgen loszufahren.)

- Nach *commencer* und *continuer* kann sowohl ***à*** als auch ***de*** stehen.

J'ai commencé **à (de) travailler** le mois dernier.
Il continue **de (à) chercher** du travail.

- Eine Infinitivergänzung hat meistens selbst eine Ergänzung; sie steht **direkt danach.**
- Diese Ergänzung kann durch ein **Pronomen** (↑ S. 29, 30, 32) ersetzt werden, das **vor dem Infinitiv** steht.

Tu dois **donner la réponse** bientôt.
On t'a proposé d'**aller en Australie.**
J'ai promis de **la donner** ce matin.
On m'a proposé d'**y aller.**

Übersicht

Infinitiv ohne Präposition	Infinitiv mit der Präposition *à*	Infinitiv mit der Präposition *de*
adorer faire qc (lieben)	aider qn à faire qc (helfen)	arrêter de faire qc (aufhören)
aimer faire qc (gerne tun)	s'amuser à faire qc (sich unterhalten)	avoir besoin de faire qc (notwendig sein)
compter faire qc (rechnen)	apprendre à faire qc (lernen)	avoir envie de faire qc (Lust haben)
désirer faire qc (möchten)	arriver à faire qc (schaffen)	commencer de (à) faire qc (beginnen)
devoir faire qc (müssen)	autoriser qn à faire qc (erlauben)	continuer de (à) faire qc (weitermachen)
espérer faire qc (hoffen)	commencer à (de) faire qc (beginnen)	craindre de faire qc (fürchten)
falloir (il faut) faire qc (notwendig sein)	continuer à (de) faire qc (weitermachen)	décider de faire qc (entscheiden)

Übersicht (Fortsetzung)

Infinitiv ohne Präposition	Infinitiv mit der Präposition *à*	Infinitiv mit der Präposition *de*
faire faire qc à qn (machen lassen)	hésiter à faire qc (zögern)	demander à qn de faire qc (bitten)
laisser qn faire qc (lassen, erlauben)	se mettre à faire qc (sich dranmachen)	empêcher qn de faire qc (abhalten)
oser faire qc (sich trauen)	obliger qn à faire qc (verpflichten)	essayer de faire qc (versuchen)
partir faire qc (weggehen)	renoncer à faire qc (verzichten)	finir de faire qc (beenden)
pouvoir faire qc (können)	réussir à faire qc (Erfolg haben)	interdire à qn de faire qc (verbieten)
préférer faire qc (bevorzugen)	servir à faire qc (dienen)	oublier de faire qc (vergessen)
savoir faire qc (können)		permettre à qn de faire qc (erlauben)
valoir (il vaut mieux) faire qc (besser sein)		promettre à qn de faire qc (versprechen)
vouloir faire qc (wollen)		proposer à qn de faire qc (vorschlagen)
		rêver de faire qc (träumen)
		risquer de faire qc (riskieren)
		venir de faire qc (gerade getan haben)

8 Die Präposition (la préposition)

Präpositionen sind Strukturwörter, die in ihrer Form **unveränderlich** sind. Sie setzen Wörter zueinander in **Beziehung** oder **präzisieren** Beziehungen.

BLICKPUNKT

- Präpositionen stehen vor
  - Substantiven: La maison sera finie **avant** l'automne.
  - Pronomen: Je partirai **sans** elle.
  - Adjektiven: Nous sommes arrivés **vers** dix heures.
  - Infinitiven: Il travaille **pour** gagner de l'argent.
- Zwei wichtige Funktionen von Präpositionen sind die Angabe der **Zeit** (↑ S. 67) und die Angabe des **Ortes** oder der **Richtung** (↑ S. 68).
  À huit heures, je vous attendrai **en face du** cinéma.
- Einige Präpositionen haben **je nach Kontext** eine entsprechende Bedeutung.
  C'est une tasse **à** thé. Il viendra **à** huit heures.
  (Es ist eine Teetasse.) (Er wird um acht Uhr kommen.)

8.1 Präpositionen der Zeit (les prépositions de temps)

Präpositionen und präpositionale Ausdrücke bei Zeitangaben geben eine **zeitliche Beziehung** an (wann?). Dazu gehören: *à · à la fin de · après · au début de · avant · dans · de … à · depuis · dès · en · entre … et · il y a · jusqu'à · pendant · pour · vers.*

Ta sœur sera là **à** huit heures et quart. (um … Uhr)
Viendras-tu **à** Noël? (an/zu Weihnachten)
À la fin de l'année, on achètera un nouveau vélo. (am Ende)
Pierre est parti **après** le dîner. (nach)
Il partira **au début du** mois. (am Anfang)
Ne me téléphonez pas **avant** mercredi. (vor)
L'avion va atterrir **dans** vingt minutes. (in)
Je travaille **du** lundi **au** samedi. (von … bis)
Je suis professeur de chimie **depuis** 1989. (seit)
Il a joué du piano **dès** l'âge de 6 ans. (schon)
Je t'écrirai **dès** leur arrivée. (gleich nach)
Je vais faire du ski **en** janvier. (im)
Nous sommes allés à Metz **en** trois heures. (in, innerhalb von)
C'est fermé **entre** midi **et** quatorze heures. (zwischen … und)
Je suis arrivée **il y a** une semaine. (vor)
Il sera absent **jusqu'au** 3 mars. (bis)
Le grand-père a dormi **pendant** tout l'après-midi. (während)
Nous avons loué une voiture **pour** sept jours. (für)
On va dîner **vers** dix-neuf heures. (gegen)

Merkmale und Gebrauch

- ***depuis* + Datum** oder **Zeitraum** gibt den Beginn einer noch andauernden Handlung oder eines Zustandes an.

  Je suis avocat **depuis** 1995.
  Mon cousin d'Espagne est chez moi **depuis** 3 semaines.
- ***il y a* + Zeitdauer** verwendet man immer mit einer Verbform der Vergangenheit.

  Son fils était à Rome **il y a** trois mois.
- ***pendant* + Zeitangabe** gibt die Dauer eines Vorgangs an.

  Il a fait beau **pendant** nos vacances.

  pendant kann wegfallen, wenn die Zeitangabe unmittelbar auf das Verb folgt.

  Il a dormi dix heures sans se réveiller.
- Wenn nach *depuis, pendant* und *il y a* ein Satz folgt, wird dieser mit *que* angeschlossen. *depuis que* und *pendant que* sind dann Konjunktionen (↑ S. 82).

  Depuis qu'il a fini ce travail, il se repose.
  Pendant que nous parlons, il joue au ballon.
  Il y a deux mois **que** je l'attends.

- ***à*** bezeichnet einen genauen Zeitpunkt.

  Il a passé son permis **à** 18 ans.
- ***en*** gibt den Zeitraum an, der für eine Handlung benötigt wird.

  Quand je travaille, je mange **en** quinze minutes.
- ***en*** verwendet man
  - bei Monaten, außer in der Wendung *au mois de,*

    Nous partirons les voir **en** juillet.
    aber: Nous partirons les voir au mois de juillet.
  - zur Angabe des Jahres und

    Nous sommes **en** 2012.
  - mit den Jahreszeiten *été, automne* und *hiver.*

    en hiver (im Winter), **en** été (im Sommer), **en** automne (im Herbst)
    aber: **au** printemps (im Frühling)

BESONDERS NÜTZLICH

Unterschiede zwischen dem Deutschen und dem Französischen

- Beim Verabschieden wird **„bis"** mit der Präposition **à** ausgedrückt:

à bientôt	**bis** bald	à cet après-midi	**bis** heute Nachmittag
à tout à l'heure	**bis** gleich	à ce soir	**bis** heute Abend
à plus tard	**bis** später	à demain	**bis** morgen
à la prochaine fois	**bis** zum nächsten Mal	à lundi	**bis** Montag

- Anders als im Deutschen steht im Französischen bei den folgenden Datums- und Zeitangaben **keine** Präposition:

Je viens	le 3 mars.	Ich komme	**am** 3. Februar.
	jeudi.		**am** Donnerstag.
	cette semaine.		**in** dieser Woche.
	cette année.		**in** diesem Jahr.
	le mois prochain.		**im** nächsten Monat.

8.2 Präpositionen des Ortes und der Richtung
(les prépositions de lieu et de direction)

Präpositionen und präpositionale Ausdrücke des Ortes geben eine **räumliche Beziehung** an (wo? woher? wohin?). Dazu gehören: *à · à côté de · à droite de · à gauche de · à travers · au-dessous de · au-dessus de · au milieu de · autour de · chez · dans · de · de … à · derrière · devant · en · en face de · entre … et · jusqu'à · loin de · par · près de · sous · sur · vers.*

Je t'attends **à** la gare. Je pars **à** Toulouse. (am, nach)
Vous le trouverez **à côté de** la maison. (neben)
A droite de la poste, il y a une pharmacie. (rechts von)
Il habite **à gauche du** cinéma. (links von)
Je passerai **à travers** la forêt. (durch/quer durch)
La température est descendue **au-dessous de** 0° C. (unter, unterhalb)
Il y a une lampe **au-dessus de** ta tête. (über, überhalb)
Au milieu du jardin il y a un arbre. (in der Mitte)
J'ai planté des arbres **autour de** la maison. (um … herum)
Il n'est pas **chez** lui.
Il travaille **chez** Michelin. (bei)
Elle va **chez** le médecin. (zum)
Pierre est **dans** sa chambre. (in)
Je suis **de** Bordeaux. (von, aus)
De Paris **à** Lyon il y a 468 km. (von … bis)
Attention! Le chien est **derrière** la voiture. (hinter)
Attendez-moi **devant** le café! (vor)
Elle est partie **en** ville. (in)
La voiture est **en face du** garage. (gegenüber)
La mairie est **entre** l'hôpital **et** l'église. (zwischen … und)
On marchera **jusqu'à** la prochaine ville. (bis)
Le cinéma est **loin de** chez moi. (weit)
Regarde **par** la fenêtre et tu le verras! (durch)
Nous sommes **près de** l'aéroport. (nah)
Le chat est **sous** le lit. (unter)
Le journal est **sur** la table. (auf)
Continuez tout droit **vers** la gare. (in Richtung von)

BESONDERS NÜTZLICH

Unterschiede zwischen dem Deutschen und dem Französischen

à la campagne	**auf** dem Land	**dans** la rue	**auf** der Straße
à la radio	**im** Radio	**dans** le journal	**in** der Zeitung
à la télé	**im** Fernsehen	boire **dans** (un verre)	trinken **aus** (einem Glas)
au sud **de**	**im** Süden **von**		

8.3 Präpositionen bei Städten und Ländern

Merkmale und Gebrauch

■ Wenn man ausdrücken möchte, **wo** man ist oder **wohin** man z. B. geht, benützt man bei Städten im Französischen die Präposition *à*.	**à** Paris, **à** Aix-la-Chapelle (Aachen), **à** Munich, **à** Genève (Genf)
■ Bei **femininen Ländern** benützt man die Präposition *en*,	**en** France (la France) **en** Allemagne (l'Allemagne *f*)
■ bei **maskulinen Ländern** *au* und	**au** Brésil (le Brésil) **au** Mexique (le Mexique)
■ bei **Ländern im Plural** *aux*.	**aux** Pays-Bas (les Pays-Bas) **aux** États-Unis (les États-Unis)
■ Wenn man ausdrücken möchte, **woher** man z. B. kommt, benützt man bei **Städten** und **femininen Ländern** im Französischen die Präposition *de*.	**de** Paris, **d'**Aix-la-Chapelle (Aachen), **de** Munich, **de** Genève (Genf) **de** France (la France) **d'**Allemagne (l'Allemagne *f*)
■ Bei **maskulinen Ländern** benützt man die Präposition *du* und	**du** Brésil (le Brésil) **du** Mexique (le Mexique)
■ bei **Ländern im Plural** *des*.	**des** États-Unis (les États-Unis)

BESONDERS NÜTZLICH

Besonderheiten

- Alle Länder, die auf *-e* enden, sind weiblich, außer:
  le Mexique, **le** Cambodge, **le** Mozambique, **le** Zaïre.
- Bei Städten mit Artikel, wie z. B. *Le Havre, Le Mans, Les Sables d'Olonne*, verschmilzt die Präposition *à* bzw. *de* mit dem Artikel (↑ S. 8).
  Julie habite **au** Havre.
  Je vais aux 24 heures **du** Mans.
  Demain on va **aux** Sables d'Olonne.
- Bei den verschiedenen Fortbewegungsmitteln wird entweder *à* oder *en* verwendet.
  à bicyclette/vélo, **à** cheval, **à** pied
  en voiture, **en** avion, **en** train
- Man kann sowohl *à vélo* als auch *en vélo* sagen.
  À l'école, je vais **à** vélo/**en** vélo.

8.4 Weitere Präpositionen und präpositionale Wendungen

Einige Präpositionen lassen sich nicht in die Kategorien Zeit, Ort oder Richtung einordnen, sondern drücken **je nach Kontext** verschiedene Bedeutungen aus.

Diese Präpositionen können folgende **Bedeutungen** ausdrücken:

- *à*
  - Zugehörigkeit, — Ce livre est **à** moi.
  - Art und Weise, — Le professeur parle **à** voix basse.
  - Mittel, — On va **à** pied ou **à** cheval?
  - Preisangabe, — Les oranges sont **à** 2 Euros le kilo.
  - Zweck, — S'il te plaît, passe-moi la cuillère **à** café.
  - Entfernung. — Elle habite **à** deux kilomètres d'ici.
- *avec* (mit)
  - Mittel, — Il marche **avec** un bâton.
  - Begleitung, — Nous partons **avec** notre mère.
  - Art und Weise. — Il lit **avec** difficultés.
- *de* (von, aus)
  - Zugehörigkeit, — C'est le livre **de** Pierre.
  - Materialangabe. — J'ai cassé le verre **de** cristal.
- *en* (mit, aus)
  - Mittel, — Ce pianiste voyage **en** train ou **en** bateau.
  - Materialangabe. — Regarde, ma montre est **en** or. Elle brille.
- *par* (mit, pro)
  - Mittel, — Cette lettre est arrivée **par** avion.
  - Verteilung. — La chambre coûte 60 € **par** personne.
- *pour* (für)
  - Zweck, — Nous travaillons **pour** gagner de l'argent.
  - Preisangabe. — Ils ont eu la maison **pour** 280 000 €.

9 Der Satz (la phrase)

BLICKPUNKT

Die Satzarten

Der Hauptsatz (la phrase principale)

- Man unterscheidet folgende Arten von Hauptsätzen:
  - **Aussagesatz** (↑ S. 71),
  - **Fragesatz** (↑ S. 73),
  - **Aufforderungssatz** (↑ S. 76).
- Hauptsätze können **allein** stehen. Sie **können** auch mit einem weiteren **Hauptsatz** durch **nebenordnende Konjunktionen** (*et, mais, donc ...* ↑ S. 82) verbunden sein.
  Elle est sévère.
  Elle est sévère, **mais elle est juste.**
- Hauptsätze können auch mit einem **Nebensatz** verbunden sein.
  Je suis sûr: tu comprends le texte.
  → Je suis sûr **que tu comprends le texte.**
- Die **Wortstellung** im Hauptsatz ist Subjekt + Verb + Ergänzung.

Der Nebensatz (la phrase subordonnée)

- Man unterscheidet folgende Arten von Nebensätzen:
  - **Relativsatz** (↑ S. 77),
  - **Adverbialsatz** (↑ S. 78),
  - **Bedingungssatz** (↑ S. 78),
  - **indirekte Rede** (↑ S. 80).
- Nebensätze können **nicht allein** stehen. Sie sind **immer mit einem Hauptsatz verbunden.** Zusammen bilden sie ein Satzgefüge *(phrase complexe).*
- Nebensätze werden durch **unterordnende Konjunktionen** *(que, parce que, avant que ...* ↑ S. 82), **Relativpronomen** (↑ S. 38) oder **Fragepronomen** (↑ S. 35) eingeleitet. On montre le joueur **qui** a marqué le but.
- Die **Wortstellung** im Nebensatz ist Subjekt + Verb + Ergänzung.

9.1. Der Hauptsatz (la phrase principale)

9.1.1 Der Aussagesatz (la phrase déclarative)

Der bejahte Aussagesatz

Wortstellung

Die Wortstellung in bejahten Aussagesätzen *(la phrase affirmative)* ist immer **Subjekt + Verb (+ Ergänzung).** Ergänzungen können **direkte Objekte** (wen?, was?), **indirekte Objekte** (wem?), **adverbiale Bestimmungen** (wo?, wann?, wie?, warum?) oder **prädikative** Ergänzungen sein.

Subjekt	Verb	Ergänzung
Je	lis	**un roman.**
Tu	écris	**à ton frère.**
Nous	habitons	**dans la banlieue.**
Notre quartier	est	**calme.**

Adverbiale Bestimmungen können auch am **Satzanfang** stehen und werden mit **Komma** abgetrennt. Dann wird die Wortstellung Subjekt + Verb + Ergänzung – anders als Im Deutschen – **beibehalten.**

Les cours commencent à 8 h15 en France.
Normalement, **les cours commencent** à 8 h15 en France.

BESONDERS NÜTZLICH

Die Stellung des direkten und des indirekten Objekts

- Manche Verben können ein **direktes und** ein **indirektes** Objekt (↑ S. 64) haben.
  acheter qc à qn, demander qc à qn, donner qc à qn, envoyer qc à qn, montrer qc à qn ...
- In der Regel steht **das direkte vor dem indirekten** Objekt.

	direktes Objekt	indirektes Objekt	
Il montre	son nouveau portable	à ses copains.	
Je vais envoyer	le cadeau	à Florence	par la poste.

- Das direkte Objekt kann **nach** dem indirekten stehen, wenn es **länger** ist.
  Tu vas raconter à ton voisin **ton dernier voyage en Asie.**
- Das direkte und indirekte Objekt kann durch Personalpronomen (↑ S. 28, 30, 33) vertreten sein.
  Tu **lui** montres les photos de l'Asie. Tu **les** montres à ton voisin. Montre-**les-nous** aussi!

Der verneinte Aussagesatz

■ Ein Satz wird mit Verneinungsadverbien (↑ S. 20), z. B. ***ne ... pas***, verneint *(la phrase négative)*. Sie umschließen das Verb.	Il **ne** chante **pas**. Elle **ne** lit **jamais** les revues de mode. Nous **n'**habitons **plus** à Paris.
■ *ne* wird vor Vokal oder stummem *h* apostrophiert.	Je **n'**ai **jamais** oublié ton anniversaire.
■ Steht das Verb in einer zusammengesetzten Zeit, umschließt die Verneinung das **Hilfsverb.**	Je **n'**ai rencontré **personne** dans la rue.
■ Folgt dem Verb ein **Infinitiv**, umschließt die Verneinung das **konjugierte** Verb.	Il **ne** veut **pas** apprendre à danser.
■ Die Verneinungswörter *personne, non plus, nulle part* stehen nach dem Partizip bzw. dem Infinitiv.	Elle **n'**a pas voulu sortir **non plus?** Non, elle **n'**est allée **nulle part.**
■ *ne* steht **vor** dem **Objektpronomen.**	Je **ne** les ai **pas** reconnus peut-être.
■ Wenn eine **Menge** verneint wird, steht kein Begleiter (↑ S. 45), sondern nur ***de.***	Elle **n'**achète **plus de** viande. Nous **ne** mangeons **jamais de** viande.
■ Nach *aimer, adorer, détester, être* steht immer der bestimmte Artikel.	Je **n'aime pas le** vin. aber: Ce **n'est pas du** vin.

Es gibt zahlreiche verschiedene **Verneinungsadverbien** (↑ S. 20), mit denen man nuanciert verneinen kann. Dazu gehören: *ne ... pas · ne ... pas du tout · ne ... pas de · ne ... plus · ne ... plus de · ne ... rien · ne ... jamais · ne ... plus jamais · ne ... ni ... ni · ne ... personne · ne ... pas non plus · ne ... nulle part*

On **ne** travaille **pas** le dimanche. (nicht)
Il **n'**est **pas du tout** fatigué. (überhaupt nicht)
Nous **n'**avons **pas de** problèmes. (keine)
Ils **n'**habitent **plus** ici. (nicht mehr)
Vous **n'**avez **plus de** questions. (keine mehr)
Je **n'**ai **rien** compris. (nichts)
Tu **n'**as **jamais** revu Stéphane? (nie)
Non, je **ne** l'ai **plus jamais** revu. (nie mehr)
Je **n'**ai revu **ni** Jules **ni** Marc. (weder ... noch)
Tu **n'**as rencontré **personne.** (niemanden)
Je **ne** leur ai **pas** écrit **non plus.** (auch nicht)
Leur adresse, je **ne** la trouve **nulle part.** (nirgendwo)

9.1.2 Der Fragesatz (la phrase interrogative)

Es gibt im Französischen verschiedene Arten von Fragesätzen. Man kann sie in zwei Kategorien unterteilen: nach **formalen Aspekten (Fragetypen)** oder nach **inhaltlichen Aspekten (Entscheidungs- oder Ergänzungsfragen).**

Die Fragetypen

Das Französische verfügt über **vier** Fragetypen, die in **unterschiedlichen Sprechanlässen** verwendet werden: **Intonationsfrage** ■ Die Intonationsfrage ist ein **Aussagesatz** (↑ S. 71), der durch **Anheben der Stimme** am **Ende** zur Frage wird. ■ Ein **Fragewort** kann sie einleiten oder auch nach dem Verb stehen. Dieser Fragetyp gehört **nur** zum *français parlé* (↑ S. 84).	Tu viens avec moi? **Où** tu vas? Tu pars **quand?** Tu arrives **à quelle heure** demain?
***est-ce que*-Frage** ■ In der *est-ce que*-Frage wird ein **Aussagesatz** durch das Einfügen von *est-ce que* in einen **Fragesatz verwandelt.** Die Wortstellung nach *est-ce que* ist die des Aussagesatzes (↑ S. 71): Subjekt + Verb + Ergänzung. ■ Vor *est-ce que* kann ein **Fragewort** stehen. ■ Für diese Form gibt es im Deutschen **keine** Entsprechung. Sie wird in der gesprochenen Sprache und im *français écrit* benutzt (↑ S. 84).	**Est-ce que** tu as cours aujourd'hui? **Où est-ce que** vous partez en vacances? **Comment est-ce que** tu as trouvé cette station?
Einfache Inversionsfrage ■ In der einfachen Inversionsfrage wird die **Stellung** von **Subjekt** und **Verb vertauscht.** Ist das Subjekt ein **Personalpronomen,** wird ein **Bindestrich** dazwischen eingefügt. ■ Dieser Fragetyp wird in der **geschriebenen** oder **förmlichen gesprochenen** Sprache verwendet. ■ Vor *il, elle* und *on* wird ein **-*t*-** eingeschoben, wenn das Verb auf einem **Vokal** endet.	Comment **vont vos parents?** **Avez-vous** reçu les informations? **Pourriez-vous** me rappeler plus tard? Pourquoi **veux-tu** déjà partir? Pourquoi appel**le-t-il** si tard? **A-t-elle** passé ses vacances au Maroc?
Absolute Fragestellung ■ In der absoluten Fragestellung (komplexe Inversion) bleibt das **substantivische Subjekt** oder ***cela* vor** dem **Verb** stehen und wird **nach** dem **Verb** durch das entsprechende **Personalpronomen** wieder **aufgenommen.** ■ Dieser Fragetyp wird in der **geschriebenen** oder **sehr förmlichen gesprochenen** Sprache verwendet.	**L'auteur** souligne-t-**il** les aspects négatifs? Comment **le romancier** décrit-**il** son protagoniste? **Cela** suffit-**il?**

Die Entscheidungs- und die Ergänzungsfrage

Entscheidungsfrage ■ Die Entscheidungsfrage, auch Gesamtfrage genannt, bezieht sich auf den **ganzen Satz** und enthält **kein Fragewort.** Sie wird mit *oui* oder *non* beantwortet. ■ Wenn das Verb der Entscheidungsfrage **verneint** ist, ist die bejahte Antwort ***si*** (doch).	Tu pars au Canada? – **Oui**, au Québec. Tu pars bientôt? – **Non**, je pars en septembre. Tu **n'**as **pas** de la famille là-bas? **Si**, des cousins de ma mère.
Ergänzungsfrage ■ Die **Ergänzungsfrage**, auch Teilfrage genannt, bezieht sich auf einen **Teil des Satzes** und enthält ein **Fragewort.**	Vous voyagez avec **quelle** compagnie? **Quand** est-ce que vous serez de retour? **Pourquoi** ne restez-vous pas plus longtemps? **Où** tes parents sont-ils partis?

Die Fragewörter

■ Das Fragepronomen ***qui*** ist **unveränderlich.**	**Qui** a sonné? (wer) **Qui** as-tu invité? (wen) Avec **qui** pars-tu? (mit wem)
■ Die Fragepronomen ***que*** und ***quoi*** sind **unveränderlich.** *que* wird zu *qu'* vor Vokal.	**Que** voulez-vous dire? (was) Tu fais **quoi** exactement? (was) **Qu'**attendent-ils au juste? (was)
■ Das Fragepronomen ***lequel*** (↑ S. 36) und der Fragebegleiter ***quel*** (↑ S. 11) sind **veränderlich.** ■ *quel* wird im Deutschen mit **unterschiedlichen** Fragewörtern übersetzt.	Voici mes crayons. **Lesquels** veux-tu? (welche) Tu veux une gomme aussi, mais **laquelle?** **Quelle** couleur me va le mieux? (Welche Farbe) **Quelle** heure est-il? (Wie spät ist es?) **Quel** âge as-tu? (Wie alt bist du?)
■ Die Frageadverbien ***quand, comment, où, pourquoi*** oder ***combien*** fragen nach adverbialen Bestimmungen. ■ *combien* wird im Deutschen mit **unterschiedlichen** Fragewörtern übersetzt. ■ Nach einer **Mengenangabe** fragt man mit *combien de*.	**Quand** est-ce qu'on commence? (wann) **Comment** tu fais le clafoutis? (wie) **Où** et **pourquoi** as-tu caché les chocolats? (wo, warum) **Combien** est-ce que tu as payé? (wie viel) **Combien de fois** a-t-il été absent? (Wie oft hat er gefehlt?) **Combien de temps** restes-tu? (wie lange) **Combien de** SMS as-tu reçus aujourd'hui? (wie viele)
■ Manche Fragewörter können mit **Präpositionen** (↑ S. 66) kombiniert werden.	Tu penses **à qui?** (an wen) **D'où** venez-vous? (von wo) **Depuis quand** êtes-vous ici? (seit wann) **Jusqu'à quand** est-ce que tu restes? (bis wann) **Depuis combien** de temps attends-tu? (wie lange)

Die Frage nach dem Subjekt

■ Wird nach dem **Subjekt** für **Personen** gefragt, steht *qui* oder *qui est-ce qui* am Satzanfang. ■ Wird nach dem **Subjekt** für **Sachen** gefragt, steht **nur** *qu'est-ce qui.*	**Qui** a envoyé ce message? (wer) **Qui est-ce qui** va y répondre? (wer) **Qu'est-ce qui** te dérange? (Was stört dich?) **Qu'est-ce qui** s'est passé? (Was ist passiert?)
■ In der Frage nach der **Identität** einer **Person** steht *qui est-ce* oder *c'est qui* in der gesprochenen Sprache. ■ In der Frage nach der **Benennung** einer **Sache** steht *qu'est-ce que c'est* oder *c'est quoi* in der gesprochenen Sprache.	Alexandre Dumas, **qui est-ce?** Cette fille, **c'est qui?** Et ça, **qu'est-ce que c'est?** Une coccinelle, **c'est quoi?**

Die Frage nach den Objekten

■ In der Frage nach dem **direkten Objekt** für **Personen** steht *qui* oder *qui est-ce que.* ■ Wenn man nach dem **direkten Objekt** für **Sachen** fragt, steht *que* oder *qu'est-ce que* am Satzanfang oder *quoi* nach dem Verb.	Tu as invité **qui?** (wen) **Qui est-ce que** tu as invité? **Qui** as-tu invité? **Qui** Mme Roy a-t-elle invité? **Que** désirent les clients? (was) **Qu'est-ce qu'**ils veulent? Ils font **quoi** maintenant?
■ In der Frage nach dem **indirekten Objekt** für **Personen** steht die **Präposition** mit *qui* oder *qui est-ce que.* ■ In der Frage nach dem **indirekten Objekt** für **Sachen** steht die **Präposition** mit *quoi* oder *quoi est-ce que.*	Elle a écrit **à qui?** (wem) **De qui est-ce que** vous avez parlé? (über wen) **Contre qui** vont-ils jouer? (gegen wen) **A qui** l'auteur s'adresse-t-il? (was) Tu parles **de quoi?** (worüber) **De quoi est-ce que** tu rêves? (wovon) **A quoi** s'intéresse-t-elle? (wofür) **A quoi** les jeunes filles pensent-elles? (woran)

Die Frage nach den adverbialen Bestimmungen

Nach adverbialen Bestimmungen wird z. B. mit den Fragewörtern (↑ S. 74) ***quand*** (wann), ***comment*** (wie), ***où*** (wo), ***pourquoi*** (warum) oder ***combien*** (wie viel) gefragt.

Quand est-ce qu'on va arriver?
Comment l'accident est-il arrivé?
Tu habites **où?**
Pourquoi est-ce que ton amie déménage?
Ça coûte **combien**, un taxi?
C'est dans **quelle** région?

Der indirekte Fragesatz

- In der **indirekten Frage** *(la phrase interrogative indirecte)* wird eine Frage durch ein **Verb** des **Sagens** oder **Fragens** eingeleitet.

Qui va venir?
→ **Dis**-moi qui va venir.
Où es-tu?
→ Elle **demande** où tu es.
Tu prends lequel?
→ Il **aimerait savoir** lequel tu vas prendre.

- Die **Wortstellung** nach dem Fragewort ist Subjekt + Verb + Ergänzung **ohne Komma.** ***qu'est-ce qui*** und ***que*** werden in der indirekten Frage zu ***ce qui*** und ***ce que.***

A quoi penses-tu?
→ Dis-moi à quoi **tu penses toute la journée.**
Qu'est-ce qui lui plaît? Que va-t-il faire?
→ Il se demande **ce qui** lui plaît et **ce qu**'il va faire.

- In Fragesätzen **ohne Fragewort** wird der Fragesatz mit ***si*** (ob) angeschlossen.
- Die indirekte Frage unterliegt den gleichen **Zeitenregeln** wie die indirekte Rede (↑ S. 80, 81).

Est-ce que vous viendrez?
→ Elle demande **si** vous viendrez.
Pourquoi **a-t-il fait** cela?
→ Je t'ai déjà demandé pourquoi il **avait fait** cela.

9.1.3 Der Aufforderungssatz (la phrase impérative)

- Mit dem **Imperativ** (↑ S. 56) wird ein **Befehl** oder ein **Ratschlag** ausgedrückt. Der Satz enthält **kein Subjektpronomen.**
- Ein **Ausrufezeichen** ist nicht immer nötig.

Range ta chambre!
Ne ferme pas la fenêtre!

Mangeons une pomme chaque jour.
Ne répondez pas tous en même temps.

- Die **Objektpronomen** (↑ S. 29, 34) stehen im **bejahten** Aufforderungssatz **nach** dem **Verb** und werden damit durch einen **Bindenstrich** verbunden. *me* und *te* werden zu *moi* und *toi.*

Calmez-**vous**, s'il vous plaît.
Attends-**moi** devant la poste.

- Im **verneinten** Aufforderungssatz stehen die Objektpronomen (↑ S. 29, 30, 32, 34) **vor** dem **Verb**.

Ne **m'**attends pas devant le cinéma.
Sa note, ne **la lui** dites pas maintenant!

9.2 Der Nebensatz (la phrase subordonnée)

9.2.1 Der Relativsatz (la phrase relative)

Ein Relativsatz gibt **nähere Informationen** zu Personen oder Sachen, die zuvor im Hauptsatz erwähnt worden sind.

■ Ein Relativsatz ist ein Nebensatz, der durch ein **Relativpronomen** (↑ S. 38) mit dem Hauptsatz **verbunden** ist.	Hier, j'ai vu un film **qui m'a plu.**
■ Die Relativpronomen sind:	
– *qui,*	C'est un garçon **qui aime** le sport automobile. L'ami **avec qui** je sors ce soir s'appelle Louis.
– *que,*	Le joueur **que** tu admires est brésilien.
– *où,*	La maison **où** ils habitent est neuve.
– *dont,*	Le magasin **dont** je t'ai parlé va fermer.
– *lequel,*	Les jeux **auxquels** tu joues sont trop violents.
– *ce qui,*	Il a été reçu à son examen, **ce qui** me réjouit!
– *ce que.*	Mais je ne le vois plus, **ce que** je regrette!
■ Wenn das **Verb** des Relativsatzes in einer **zusammengesetzen Zeit der Vergangenheit** steht, richtet sich das **Participe passé** in **Geschlecht** und **Zahl** nach dem Substantiv, das durch den Relativsatz mit *que* näher bestimmt wird (↑ S. 49, 61).	**Les baguettes que** tu as achet**ées** sont fraîches.

BESONDERS NÜTZLICH

Das Komma im Relativsatz

- Die meisten Relativsätze sind **bestimmende** Relativsätze: Sie können **nicht** weggelassen werden, ohne dass der Satz seinen Sinn verliert. Sie sind für das Verständnis des Satzes notwendig. Im Gegensatz zum Deutschen werden diese Relativsätze **nicht** durch ein Komma vom Hauptsatz abgetrennt.
  J'ai lu le livre **dont** tu m'avais parlé. C'est un **livre** qui m'a passionné(e).

- **Nicht bestimmende** Relativsätze liefern **zusätzliche** Informationen, die auch weggelassen werden können, ohne dass sich dadurch die Aussage des Satzes ändert. Sie werden durch ein **Komma** vom Hauptsatz getrennt.
  Le dernier James Bond**, que** j'ai vu dimanche dernier, m'a beaucoup plu.
  La ville de Chartres**, qui** est célèbre pour sa cathédrale, est située à l'ouest de Paris.

9.2.2 Der Adverbialsatz (la phrase circonstancielle)

■ **Adverbialsätze** haben die Funktion einer **adverbialen Bestimmung.**	Appelle-moi **dès ton arrivée.** Appelle-moi **dès que tu seras arrivé.**
■ Adverbialsätze werden durch **unterordnende Konjunktionen** (↑ S. 82) eingeleitet.	
■ Je nach der **inhaltlichen Bedeutung** der Konjunktion unterscheidet man den:	
– **Temporalsatz:** *quand* (wenn), *depuis que* (seit),	Il est de bonne humeur **depuis** qu'il travaille.
– **Kausalsatz:** *parce que* (weil), *comme* (da),	Faisons une pause **parce que** je suis fatigué.
– **Finalsatz:** *pour que* (damit),	Je te fais des pâtes **pour que** tu n'aies pas faim.
– **Konsekutivsatz:** *de sorte que* (sodass),	Je viens te chercher **de sorte que** tu ne seras pas obligé de prendre le bus.
– **Konzessivsatz:** *bien que* (obwohl),	Je vais sortir **bien qu'**il pleuve.
– **Bedingungssatz** (↑ S. 78): *si* (wenn, falls).	**Si** tu veux, on ira se promener cet après-midi.
■ Je nach Konjunktion steht das Verb im **Indikativ** oder im **Subjonctif** (↑ S. 59).	**Pendant que** tu **dormais,** j'ai fait un gâteau. Il comprend la situation **bien qu'**il **soit** jeune.
■ Nur wenn der Adverbialsatz am Satzanfang steht, wird er durch ein **Komma** vom Hauptsatz abgetrennt. Sonst nicht.	**Comme il est grand,** il a choisi le basket. **Bien qu'il soit petit,** c'est un bon joueur de football.

9.2.3 Der Bedingungssatz (la phrase conditionnelle)

Ein Bedingungssatzgefüge besteht aus dem **konditionalen Nebensatz,** der eine **Bedingung** ausdrückt, und dem **Hauptsatz,** der die **Folge** ausdrückt, die sich aus dieser Bedingung ergibt.

■ Der **Konditionalsatz** (*si*-Satz) wird durch die Konjunktion ***si*** (wenn, falls) eingeleitet.	**Si** tu viens, nous irons à la patinoire. (Falls ...) **Si** tu veux, je te prête mes patins. (Wenn ...)
■ si wird vor *il* und *ils* zu *s'*.	**S'**il fait beau, nous ferons du surf.
■ Man unterscheidet, je nach Wahrscheinlichkeit, **drei** Typen von Bedingungssätzen (↑ S. 79):	
– den **realen** Bedingungssatz,	**Si** elle a le temps, elle ira chez le coiffeur.
– den **irrealen** Bedingungssatz auf die **Gegenwart** oder **Zukunft** bezogen,	**Si** Benoît venait (aujourd'hui ou demain), tout le monde serait bien surpris.
– den **irrealen** Bedingungssatz auf die **Vergangenheit** bezogen.	**Si** tu étais venu (dans le passé), tu aurais revu tes copains de classe.
■ Die **Kommasetzung** erfolgt wie bei den Adverbialsätzen: Beginnt das Satzgefüge mit dem Bedingungssatz, schließt der Hauptsatz mit Komma an. Folgt der Bedingungssatz dem Hauptsatz, wird kein Komma gesetzt.	**Si** tu as le temps, passe me voir! Nous pouvons aller au sauna **si tu préfères.**

Der reale Bedingungssatz

Gebrauch und Bildung

- Hält man die **Bedingung** für **erfüllbar,** d. h. für **wahrscheinlich,** steht der *si*-Satz im **Präsens** (↑ S. 47).
- Der **Hauptsatz** steht ebenfalls im **Präsens** oder im **Futur** (↑ S. 54).

Si vous **êtes** d'accord, on **fait** une petite pause. (Wenn ihr/Sie einverstanden seid/sind, machen wir eine kleine Pause.)
Si elle **est** en forme, on **pourra** faire une randonnée. (Wenn sie fit ist, könnten wir eine Wanderung machen.)

- Bezieht sich ein *si*-Satz auf die **Zukunft,** steht trotzdem das Präsens, **niemals** das Futur.

S'il arrive tard demain, il te préviendra à temps. (Wenn er morgen spät kommt, wird er dir rechtzeitig Bescheid geben.)

Der irreale Bedingungssatz

Gebrauch und Bildung

- Hält man die **Bedingung** für **nicht erfüllbar,** d. h. für **unmöglich** oder **unwahrscheinlich,** steht der *si*-Satz im **Imparfait** (↑ S. 50).
- Der **Hauptsatz** steht dann im **Conditionnel présent** (↑ S. 57).

S'il avait plus de temps, il **ferait** plus de sport. (Wenn er mehr Zeit hätte, würde er mehr Sport machen.)
Si j'étais à ta place, je lui **demanderais** pardon. (Wenn ich du wäre, würde ich ihn/sie um Verzeihung bitten.)

- Der irreale Bedingungssatz kann sich sowohl auf die **Gegenwart** als auch die **Zukunft** beziehen.

Si vous pouviez venir le 2 mai, ça me **ferait** énormément plaisir.
(Wenn Sie/ihr am 2. Mai kommen könnten/könntet, würde ich mich sehr freuen.)

- Mit einem *si*-Satz im **Imparfait** ohne nachfolgenden Hauptsatz kann man einen **Vorschlag** ausdrücken.

Et **si** on **faisait** une partie de poker?
(Wie wäre es, wenn wir eine Runde pokern würden?)

- Wenn die **Bedingung** in der **Vergangenheit** hätte erfüllt werden müssen und jetzt somit **nicht mehr erfüllbar** ist, steht der *si*-Satz im **Plus-que-parfait** (↑ S. 52).
- Der **Hauptsatz** steht dann im **Conditionnel passé** (↑ S. 57).

Si j'avais eu votre adresse, je vous aurais écrit. (Wenn ich Ihre/eure Adresse gehabt hätte, hätte ich Ihnen/euch geschrieben.)
Si elle avait su, elle n'**aurait** pas **accepté** ce travail. (Wenn sie das gewusst hätte, hätte sie den Job nicht angenommen.)

BESONDERS NÜTZLICH

si und *quand*

- Die Bedingung „wenn, falls" wird im Französischen mit *si* übersetzt. *quand* wird ausschließlich im Temporalsatz (↑ S. 78) verwendet:
  Quand mon ami arrivera, nous irons au cinéma.
  (Wenn/sobald mein Freund kommt, … *Es ist sicher, dass er kommt.*)
  Si mon ami arrive ce soir, nous irons au cinéma.
  (Wenn/Falls mein Freund kommt, … *Es ist noch nicht sicher, dass er kommt.*)
- *si* in der Bedeutung von „ob" leitet den indirekten Fragesatz (↑ S. 76) ein. Dann kann nach *si* auch das Futur (↑ S. 54) stehen:
  Je ne sais pas si elle **arrivera** à l'heure.

9.2.4 Die indirekte Rede (le discours indirect)

Funktion und Merkmale

■ In der indirekte Rede wird berichtet, was jemand gesagt oder gedacht hat. Die indirekte Rede wird durch bestimmte **Verben + *que*** eingeleitet, z. B. *affirmer, ajouter, demander, dire, expliquer, penser, prétendre, raconter, répondre.*	Elle **raconte que** son amie est aussi malade. On **pense que** c'est un méchant virus. Je vais lui **dire que** je peux l'aider. Il a **répondu qu'**il était bien content.
■ Die Konjunktion ***que*** leitet die indirekte Rede ein und darf **nicht** weggelassen werden. Vor *que* steht kein Komma.	Il **prétend que** son frère n'est pas là.
■ *que* wird zu *qu'*vor einem Vokal.	Elle a dit **qu'**elle ne se sentait pas bien.
■ Die indirekte Frage (↑ S. 76) wird mit ***si*** (ob) oder dem entsprechenden **Fragewort** eingeleitet.	Elle m'a demandé **si** c'était possible. Je me demande **quand** ce sera faisable.
■ Ein **Imperativsatz** (↑ S. 76) wird mit *de* + Infinitiv wiedergegeben.	Elle m'a demandé **de venir** la chercher.
■ Die **Wortstellung** in der indirekten Rede/Frage ist **Subjekt + Verb + Ergänzung.**	Il dit **qu'il a acheté son nouveau portable hier au supermarché.**
■ Wie im Deutschen ändern sich in der indirekten Rede/Frage die **Personalpronomen**, die **Possessivbegleiter** und **-pronomen** sowie die **Verbform.**	«**Je vous ai aimée!**» dit l'acteur à l'actrice. → Il lui dit qu'**il l'a aimée.**
■ Bestimmte **Orts- und Zeitadverbien** werden durch andere ersetzt (↑ S. 81).	«Je passe mon permis **aujourd'hui.**» → Elle m'a dit qu'elle passait son permis **ce jour-là.**
■ Anders als im Deutschen steht im Nebensatz der **Indikativ** (**kein** Subjonctif, ↑ S. 47, 56).	Elle prétend qu'elle **est** malade. (Sie behauptet, sie **sei** krank.)
■ Steht in der indirekten Rede/Frage der einleitende Satz in der **Vergangenheit, ändern** sich im Nebensatz die **Zeiten** der Verben (↑ S. 81).	Elle **a prétendu** qu'elle **était** malade.

Die Veränderung der Pronomen

In der indirekten Rede verändern sich **Pronomen** und Begleiter je nach Sprechsituation. Die Veränderungen verhalten sich wie im Deutschen.

– *je* → *il/elle* – *nous* → *ils/elles (Subjekt)* – *me, nous* → *se (direktes Objekt)* – *te* → *lui (indirektes Objekt)* – *mon/ma/mes* → *son/sa/ses* – *le mien* → *le sien* – *notre/nos* → *leur/leurs*	Jacques dit: «**Je** suis désolé, **nous** ne partons plus, **notre** voiture est en panne et **je me** suis fâché.» Il dit qu'**il** est désolé, qu'**ils** ne partent plus, que **leur** voiture est en panne et qu'**il s'**est fâché. Anne dit: «Laure, **je** vais **te** montrer **mon** chat.» Elle lui dit qu'**elle** va **lui** montrer **son** chat.

Die Veränderung der Adverbien

Einige **Zeit-** und **Ortsangaben** (↑ S. 67, 68) ändern sich in der indirekten Rede/Frage.

- **Zeitangaben**
  - *maintenant* → *alors, à ce moment-là*
  - *hier* → *la veille* (Vortag) — «**Hier**, je suis allé à la gymastique.» → Il a dit qu'il était allé **la veille** à la gym.
  - *aujourd'hui* → *ce jour-là, le jour même*
  - *demain* → *le lendemain* — Laurent a dit: «J'irai au stade **demain.**» → Il a dit qu'il irait au stade **le lendemain.**
  - *dans un mois* → *un mois plus tard* — «**Dans un mois,** j'ai un examen.» → Il a dit qu'il avait un examen **un mois plus tard.**
  - *l'an prochain* → *l'année suivante*
  - *il y a une semaine* → *une semaine plus tôt*
- **Ortsangaben**
  ici → *là-bas* — «Heureusement, il fait beau **ici.**» → Il a dit qu'il faisait beau **là-bas.**

Die Veränderung des Imperativs

In der indirekten Rede wird eine **Aufforderung,** ein **Vorschlag** oder eine **Einladung** wiedergegeben:

- mit Verben, wie z. B. *devoir, falloir* + Infinitiv,

  L'entraîneur dit: «Faites l'exercice 10 fois.» Il dit aux sportifs qu'**il faut faire** l'exercice 10 fois.

- mit Verben, die einen Befehl oder Verbot ausdrücken, wie z. B. *ordonner, demander, interdire, défendre* + *de* + Infinitiv.

  Il demande aux sportifs **de faire** l'exercice 10 fois.

Die Zeitenfolge

- Wenn in der indirekten Rede/Frage das **Verb** des **einleitenden** Satzes in der **Vergangenheit** steht, verschieben sich im **Nebensatz** die **Zeiten** des **Verbs** *(la concordance des temps):*

direkte Rede	→	**indirekte Rede**	
Présent	→	Imparfait	«J'**ai** le temps.» → Il **avait dit** qu'il **avait** le temps.
Passé composé	→	Plus-que-parfait	«J'**ai eu** de la chance.» → Il **disait** qu'il **avait eu** de la chance.
Futur simple	→	Conditionnel I	«J'**aurai** le temps.» → Il **a dit** qu'il **aurait** le temps.
Futur antérieur	→	Conditionnel II	«J'**aurai fini.**» → Il **a dit** qu'il **aurait fini.**

- Die Zeitenfolge gilt auch in Nebensätzen mit *que* bei den Verben des Denkens, wie z. B. *croire, penser, espérer.*

  Je crois qu'il écrira. → Je **croyais** qu'il **écrirait.**
  Je pense qu'il a compris. → Je **pensais** qu'il **avait compris.**

- Steht das Verb in der direkten Rede im **Imparfait**, **Plus-que-parfait** oder **Conditionnel,** erfolgt **keine** Zeitenfolge.

direkte Rede	→	**indirekte Rede**	
Imparfait	→	Imparfait	«J'**étais** triste.» → Il **a dit** qu'il **était** triste.
Plus-que-parfait	→	Plus-que-parfait	«J'**avais** fini.» → Il **disait** qu'il **avait** fini.
Konditional I/II	→	Konditional I/II	«Je **serais** fier.» → Il **avait dit** qu'il **serait** fier.

9.2.5 Die Konjunktion (la conjonction)

Die nebenordnende Konjunktion

Funktion und Gebrauch	
Die nebenordnende Konjunktion *(la conjonction de coordination)* verbindet Hauptsätze oder gleichwertige Satzglieder. Sie **hängen nicht voneinander ab.** Zu den nebenordnenden Konjunktionen zählen: *et* (und), *ou* (oder), *mais* (aber), *ne … ni … ni* (weder … noch), *car* (denn), *donc* (also).	Il est sympa **et** il est venu d'un autre lycée. Je viendrai lundi **ou** mardi. Je peux faire des crêpes, **mais** pas sans recette. Je **ne** veux **ni** rester ici **ni** venir avec toi! Je vous quitte **car** j'ai encore du travail. Elle chante, **donc** elle est heureuse.

Die unterordnende Konjunktion

Funktion und Gebrauch	
Die unterordnende Konjunktion *(la conjonction de subordination)* verbindet voneinander **abhängige** Haupt- und Nebensätze (↑ S. 71, 77).	Je ne savais pas **que** cette famille avait un chien.
■ ***si*** leitet einen **Bedingungssatz** (↑ S. 78) oder eine **indirekte Frage** (↑ S. 76) ein. ■ ***à condition que*** (unter der Bedingung, dass) löst den **Subjonctif** aus.	**Si** elles viennent, on fera un tour en bateau. (wenn, falls) Je ne sais pas encore **s'**ils ont reçu la lettre. (ob) Nous sortirons **à condition qu'**ils soient d'accord.
■ ***que*** (dass) steht in der indirekten Rede (↑ S. 80) und anderen Nebensätzen. Nach *que* steht manchmal der **Subjonctif** (↑ S. 58).	Elle dit **qu'**elle collectionne les chaussures. Je regrette **que** vous soyez malade.
■ ***quand*** (wenn, als), ***pendant que*** (während), ***depuis que*** (seit) und ***dès que*** (sobald) leiten einen Temporalsatz im **Indikativ** (↑ S. 47) ein. ■ Nach ***avant que*** (bevor) und ***jusqu'à ce que*** (bis) steht der **Subjonctif.**	**Quand** nous sommes arrivés, il y avait un orage. Ils sont heureux **depuis qu'**ils habitent ici. **Dès qu'**ils seront là, nous ferons un feu de camp. Tu lui téléphoneras **avant qu'**il parte.
■ ***comme*** (da) gibt einen Grund an und geht dem Hauptsatz voraus. Ein Komma trennt die Sätze. ■ ***parce que*** (weil) steht im **Nachsatz** ohne Komma. ■ ***pour que*** und ***afin que*** (damit) geben den Zweck an und lösen den **Subjonctif** aus.	**Comme** il est compétent, il a du succès. Il redouble **parce qu'**il n'a pas eu la moyenne. Je te donne son adresse **pour que** tu **puisses** la contacter.
■ ***de sorte que*** und ***de manière que*** (sodass) drücken eine Folge aus, die im **Indikativ** steht.	Nous avons organisé la fête **de sorte que** tout le monde était content.
■ ***bien que*** und ***quoique*** (obwohl) in einem Konzessivsatz lösen den **Subjonctif** aus.	**Bien qu'**elle se soit levée tôt, elle a raté son train.
■ Nach ***sans que*** (ohne dass) steht ebenfalls der **Subjonctif.**	Elle a réservé un vol à Cuba **sans qu'**il le **sache.**

TEXTE SCHREIBEN UND UNTERSUCHEN

1 Texte schreiben

Im Französischen unterscheidet sich – ebenso wie im Deutschen – die **gesprochene Sprache** *(français parlé)* oftmals von der **geschriebenen Standardsprache** *(français écrit).*

BLICKPUNKT

français parlé	français écrit
1. Grammatikalische Unterschiede	
– Die Intonationsfrage: *Il part?* – Stellung des Frageworts: *Tu vas* **où?** – Verneinung ohne *ne:* *Je sais* **pas.** – Wiederholung des Subjekts oder Objekts durch ein Subjekt- oder Objektpronomen: *Le chien,* ***il*** *a mangé toute la viande.* *La fille, je* ***l'****ai vue hier.*	Die Inversionsfrage: *Son frère* **part-il?** Stellung des Frageworts: **Où** *vas-tu?* Verneinung mit *ne ... pas:* *Je* **ne** *sais* **pas.** *Le chien a mangé toute la viande.* *J'ai vu la fille hier.*
2. Lexikalische Unterschiede	
le mec · la nana · bosser · le truc, le machin · le flic · le boulot	*le garçon · la fille · travailler · la chose · l'agent de police · le travail*
3. Abkürzungen	
sympa · les maths · le/la prof · ça · la géo · le petit déj	*sympathique · les mathématiques · le professeur · cela · la géographie · le petit déjeuner*

1.1 Die Beschreibung (la description)

1.1.1 Die Bildbeschreibung (la description d'une image)

Die Bildbeschreibung vermittelt dem Leser oder Zuhörer, der das Bild nicht kennt, eine **genaue Vorstellung** von **Gegenstand, Aufbau** und **Wirkung** der Abbildung.

Aufbau

Einleitung *(l'introduction)*

- Die Einleitung liefert konkrete **Fakten** und eine Aussage zur **Gesamtansicht.**
- Nützliche Ausdrücke:
  La photo, qui a été récemment prise, ...; L'image / le tableau a été peint, e ...; La BD (bande dessinée) / la caricature a été dessinée ...; L'image montre l'intérieur / l'extérieur de ...

La photo, **qui a été récemment prise, montre un paysage typique de la Provence.**

Aufbau (Fortsetzung)

Hauptteil (la partie principale)

- Das Bild wird in **Bereiche** aufgeteilt.
- **Im Vordergrund stehende** Elemente der Darstellung werden genauer betrachtet.
- Dabei werden die Einzelheiten in einer **sinnvollen Reihenfolge** untersucht, z. B. von oben nach unten, von außen nach innen, vom Großen zum Kleinen, vom Allgemeinen zum Besonderen.
- Für die gesamte Beschreibung wird das Présent benutzt (↑ S. 47).
- Nützliche Ausdrücke: *Sur la photo / l'image / le tableau, on voit / on peut voir / on aperçoit / il y a / se trouve / est construit ...*

La photo est **divisée en trois parties.**
Au premier plan, on voit **une maison.**

Derrière la maison, on aperçoit (erkennen) un arbre solitaire et quelques collines couvertes de buissons verts et de rochers ocres.
A l'arrière-plan, il y a le ciel bleu.

Schlussbetrachtung (la conclusion)

- Die zuvor beobachteten Einzelheiten werden zu einem **Gesamteindruck** zusammengefasst.
- Ausstrahlung, Wirkung und Absicht des Bildes können nun **genauer begründet** werden.

Sur la photo, **les couleurs intenses** – le bleu, l'ocre et le vert – **dominent l'ensemble.**
Le spectateur est **fasciné** par cette composition de couleurs, surtout par le **bleu intense du ciel** et **les contrastes avec le vert et l'ocre** des collines.

- Das Bild kann nun in einen **Zusammenhang** eingeordnet werden.

La photo permet d' avoir une **impression d'un paysage typique de Provence.**

BESONDERS NÜTZLICH

Wichtiges Vokabular zur Bildbeschreibung

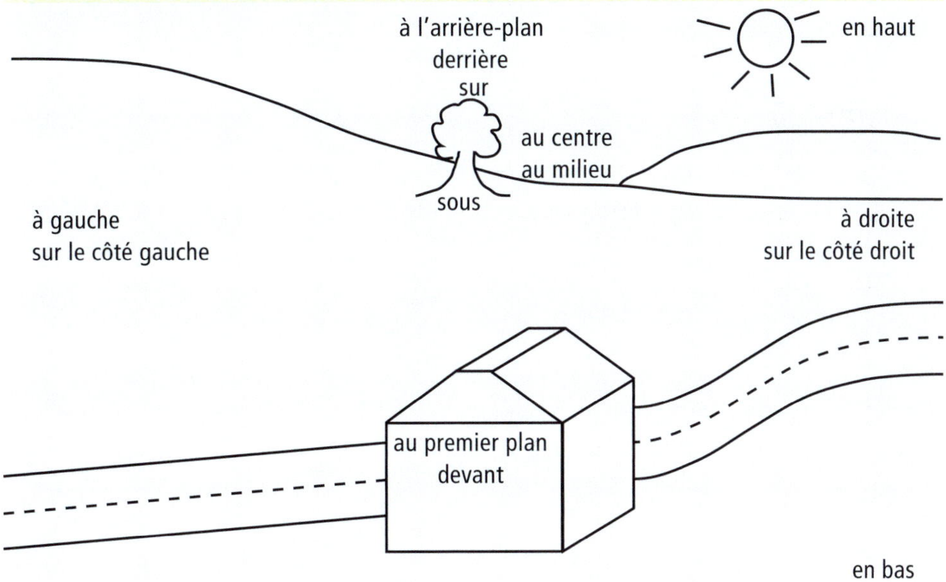

1.1.2 Die Charakterisierung (la caractérisation)

Die Charakterisierung ist eine Form der **Beschreibung.** Sie wird in literarischen Texten (*romans, récits* und *contes*), aber auch in journalistischen Texten benutzt, damit sich der Leser eine Vorstellung von den **agierenden Personen** *(caractères)* machen kann. Der Autor eines Textes kann Personen **direkt** oder **indirekt** beschreiben.

Merkmale

- Das **Aussehen,** die **Eigenschaften,** die **Verhaltensweisen** und die **Entwicklung** einer Person sind Gegenstand einer Charakterisierung.
- Sie sollte möglichst **anschaulich** formuliert sein, um die beschriebene Person genau vorstellbar zu machen, z. B. mit Substantiven und Adjektiven.

Georges Duroy était **beau de nature.** Il avait **une petite moustache** dont il était fier et **des gestes militaires et familiers** en même temps avec lesquels **il charmait tout le monde.**

(nach: Guy de Maupassant, *Bel-Ami,* Livre de Poche 1983, p. 15)

Aufbau

Einleitung *(l'introduction)*
Die Person wird **in knapper Form** vorgestellt. Dabei werden folgende Leitfragen beantwortet:

- **Wer?** *(nom, profession, occupation de la personne)*
- **Wo?**
- **Alter?**

Tonton David a **trente-six ans** aujoud'hui. Il est **musicien à Paris** et fait surtout du **reggae.**

(nach: Phosphore, *Bayard Presse,* 1996)

Hauptteil *(la partie principale)*
Die aus dem Text gewonnenen **Einzelheiten** über eine Person werden in einer **sinnvollen Reihenfolge,** z. B. vom Allgemeinen zum Besonderen, dargestellt:

- die **äußere Erscheinung** (*apparence physique, visage, corps),* z. B. von oben nach unten,
- die **Persönlichkeitszüge** *(caractère, comportement, sentiments, préférences),* z. B. vom Offensichtlichen zum Verborgenen,
- die **Stellung** innerhalb der Figurenkonstellation und das **Verhalten** zu anderen Figuren.

Tonton David a des origines africaines. Il a les **cheveux frisés** et la **peau matte.**
Il n'aimait pas l'école, alors il n'y allait presque plus, il préférait **faire de la musique.**
Il a **quitté ses parents** à l'âge de quatorze ans. Comme il **n'avait pas d'argent** il vivait la plupart du temps dehors.

Fazit *(la conclusion)*
Abschließend wird eine begründete **Gesamteinschätzung** der Figur und ihrer Bedeutung für den Handlungsverlauf sowie eine **persönliche Stellungnahme** zum Handeln der Person gegeben.

Quand on n'a que quinze ans, on ne peut pas prendre de bonnes décisions. Aujourd'hui **Tonton David regrette** beaucoup d'avoir arrêté l'école trop tôt. **S'il avait passé son bac, il aurait fait des études à l'université.**

1.2 Die Beantwortung von Verständnisfragen (la compréhension des questions)

Fragen zum Text überprüfen das Textverständnis. Dabei unterscheidet man Fragen zum Globalverständnis und Fragen zum Detailverständnis des Textes.

1.2.1 Fragen nach dem Globalverständnis (la compréhension globale)

■ Fragen nach dem Globalverständnis werden gestellt, um zu überprüfen, ob man die **zentrale Aussage des Textes** erfasst hat. Es wird z. B. nach dem **Thema** des Textes gefragt. ■ Zu ihrer Beantwortung genügt die **Erschließung** unbekannten Vokabulars durch den **Kontext** möglichst ohne Wörterbuch.	Quel est **le sujet** du texte? Quelle est **l'idée centrale** du texte? Décrivez brièvement la situation/la scène du texte.
■ **Überschrift** und **Einleitungssatz** des Textes geben wichtige Hinweise zu Inhalt und Textsorte.	Comme il n'y a **pas de déterminants** dans le titre du texte «Accident terrible à l'Alpes d'Huez», il s'agit d'un **article de journal.** Le sujet de l'article est un accident dans les Alpes.

BESONDERS NÜTZLICH

Die Arbeit mit Fragen zum Text

Um wesentliche Informationen eines Textes zu bestimmten Fragen herauszufiltern, ist die Methode der **Textmarkierung** hilfreich. Dadurch wird verhindert, dass beim Schreiben wichtige Textinformationen übersehen werden. Alle Informationen in einem Text, die zur Beantwortung derselben Verständnisfrage beitragen, werden auf die gleiche Weise markiert (z. B. farbig).

Quel sont, d'après Anne, les points positifs du loi anti-tabac?
Quels sont les points négatifs?
Quelle est sa conclusion?

Dans la rue, Anne (16 ans), est interviewée par un reporter. Voilà ce qu'elle pense de la loi anti-tabac: «Je pense qu'une réglementation est très bien. C'est bien d'empêcher les gens de fumer dans les restaurants ou au café parce que la fumée est vraiment désagréable. Mais de l'autre côté les fumeurs ont aussi le droit de vivre. Peut-être il serait mieux de séparer les fumeurs des non-fumeurs dans les restaurants, alors tout le monde sera content.»

1.2.2 Fragen nach dem Detailverständnis (la compréhension de détail)

Fragen nach dem Detailverständnis einzelner Textabschnitte sind in der Regel die sogenannten ***qu*-Fragen** *qui, quand, que, quoi,* aber auch *comment, où* und *pourquoi*. Um sie beantworten zu können, muss man den Text zuerst **genau lesen** und auch in seinen **Einzelheiten** verstanden haben.
Die Beantwortung der Fragen sollte
- sich **auf das im Text Gesagte** beziehen,
- möglichst **in eigenen Worten** formuliert werden, mit Ausnahmen von **Schlüsselwörtern** *(mots-clés)*.

1.3 Die Inhaltsangabe (le résumé)

Eine Inhaltsangabe informiert über die **wesentlichen inhaltlichen Aspekte** eines Textes und präsentiert sie in geraffter Form.

Merkmale

- Die Inhaltsangabe **kürzt** den Inhalt eines Textes auf ungefähr **ein Drittel** des Originals, den **Textkern.**
- Sie stellt **Verbindungen** zwischen den **wichtigsten Inhaltspunkten** her.
- Sie enthält **weder Wertungen noch Stellungnahmen.**

Aufbau

Einleitung *(l'introduction)*
- Ein einleitender Satz über das **Thema**, den **Gegenstand** und den **Autor** ermöglicht dem Leser eine erste Orientierung.

Le texte «Au revoir les enfants» écrit par Louis Malle **traite de** l'histoire de deux garçons dans un internat pendant la Seconde Guerre mondiale.
(Louis Malle, *Au revoir les enfants*, Reclam 1993)

Hauptteil *(la partie principale)*
- Im nächsten Abschnitt werden **Ort** und **Zeit der Handlung** sowie die **Hauptfiguren** genannt.

L'histoire se déroule en France, dans un **internat** dirigé par des prêtres pendant l'occupation de la France de **1942 à 1944.** Les protagouistes sont **Jean et Quentin,** qui sont des écoliers de 12 ans.

- Die **Reihenfolge** des Textinhalts orientiert sich an der Art des Originaltextes:
  - bei **Handlungsberichten** an der **zeitlichen** Abfolge,
  - bei **Beschreibungen** an den **Hauptmerkmalen,**
  - bei **Argumentationen** an der **Reihenfolge** der Argumente.

Au début, Jean et Quentin ne s'aiment pas beaucoup. **Au cours de l'histoire,** à travers plusieurs aventures, ils font meilleure connaissance et deviennent de bons amis. Ils partagent leurs craintes et leurs secrets.

Schlussbetrachtung *(la conclusion)*
Der letzte Satz der Inhaltsangabe soll wiedergeben, womit der **Originaltext abschließt.**

Mais à la fin, Jean, qui est juif (Jude), est déporté dans un camp de concentration.

Sprachliche Gestaltung

■ Die Inhaltsangabe wird im présent (↑ S. 47) abgefasst. Die Vorzeitigkeit zur aktuellen Handlung steht im ***passé composé*** (↑ S. 48).	Les garçons, qui **sont** dans un internat près de Paris, y **ont été envoyés** par leurs parents.
■ Für **zukünftige** Handlungen wird das *futur simple* (↑ S. 54) verwendet.	Jean et Quentin, qui ne s'aiment pas au début, **deviendront** des amis.
■ Wörtliche Rede, die für das *résumé* wichtig ist, wird in der **indirekten Rede** (↑ S. 80) wiedergegeben.	«Où est-ce que les juifs se sont cachés?» a demandé l'officier allemand. → L'officier allemand **demande où** les juifs se sont cachés.
■ Um sich auf **das Wesentliche** zu beschränken, werden folgende Elemente vermieden: – Beispiele, Wiederholungen, Sprachbilder, – umfangreiche Beschreibungen.	Ils ont fait beaucoup de bêtises pour ennuyer leurs professeurs: ils construisaient des avions en papier, parlaient sans permission et lisaient des romans sous la table. → Ils causent des **problèmes en cours.**
■ Aufzählungen werden durch einen Oberbegriff ersetzt.	Jean, Philippe, Marc et le Père Josef et le Père Jean ont fait une promenade. → Les **élèves** et les **prêtres** font une excursion.
■ Der Hauptgedanke eines Sinnabschnitts wird **mit eigenen Worten** formuliert. Kernbegriffe können übernommen werden.	Tous les garçons regardaient le professeur de piano qui était une jeune fille très belle. Quand elle passait lors de leur cours d'éducation physique, ils sifflaient (pfeifen) et faisaient des remarques. → Les garçons **admirent** le professeur de piano.

BESONDERS NÜTZLICH

Formulierungshilfen für die Inhaltsangabe

- Für die **Einleitung** der Inhaltsangabe:
  Le texte traite de ...
  L'action se passe / se déroule à ...
  Dans le texte, il s'agit de ...
  Le récit a comme sujet ...
  L'histoire a lieu ...
  Dans le texte, il est question de ...
- Konjunktionen und Wendungen für den **Hauptteil:**
  quand, puis, depuis, après que,
  jusqu'à ce que (+ subj.), pendant que
  l'argument le plus important est ...
  parce que, comme
  en premier lieu, au début, ensuite
  en conclusion, à la fin, finalement
- Die Hauptgedanken eines Sachtextes lassen sich gut wiedergeben, indem man die Absicht des Autoren durch ein bestimmtes Verb des Sagens oder Denkens ausdrückt:
  commencer, au commencement
  continuer
  souligner, mettre en valeur
  vouloir savoir pourquoi
  se plaindre de, critiquer, être contre
- Konjunktionen und Wendungen für den **Schlussteil:**
  finalement, à la fin, pour conclure
  Le texte se termine en déclarant que ...

1.4 Meinungsäußerung und Argumentation

1.4.1 Die Meinungsäußerung (donner son opinion)

Merkmale

- Eine **Meinungsäußerung** ist immer **subjektiv.** Sie kann spontan sein und wird häufig von den eigenen Gefühlen bestimmt.
- Sie verlangt oft nur eine **einfache Begründung.**
- Einer begründeten Meinungsäußerung geht die Suche nach **Argumenten** für oder gegen die eigene Meinung voraus.
- Die Meinungsäußerung kann Teil einer **Argumentationskette** sein.

Aufforderungen zur Meinungsäußerung sind z. B.:
Qu'est-ce que tu penses de ...?
Quel est ton point de vue/ton opinion?
Eine Meinungsäußerung kann eingeleitet werden durch:
Je pense que ...
Je trouve que ...
Je trouve bien/mal que (+ Subj) ...
D'après moi/mon opinion ...
A mon avis ...

1.4.2 Die Argumentation (l'argumentation)

Komplexer in den Anforderungen sind Aufgaben, die eine Argumentation verlangen. Sie muss für den Leser **nachvollziehbar** und **überzeugend** sein. Zuerst müssen in **Stichpunkten** die Argumente zusammengetragen werden. In einem zweiten Schritt werden sie **geordnet.** Erst wenn der genaue Argumentationsablauf in Stichpunkten festgelegt ist, wird mit der **Ausformulierung** begonnen.

Es gibt **bestimmte Aufgabentypen,** die eine Argumentation verlagen:

- eine **Auseinandersetzung mit Gründen** für oder gegen eine **Entscheidung,**
- eine Auseinandersetzung mit der **Meinung einer anderen Person** oder **eines Textes.** Hier werden Beispiele und Argumente kritisch untersucht.

Trouvez des **raisons pour et contre** un uniforme à l'école.
Qu'est-ce que **tu penses de l'avis** de ...
Discutez le point de vue de ...
Analysez le problème de ...

Aufbau

Einleitung: Hinführung zur Fragestellung
Zu Beginn müssen folgende Punkte geklärt werden:

- der **sachliche Hintergrund,**
  Dans quelques écoles en Allemagne, les professeurs pensent à **obliger les élèves à porter un uniforme.**
- die **Wichtigkeit/Aktualität** des Themas,
  Beaucoup d'**élèves souffrent** des pressions que la mode exerce sur eux.
- die **persönliche Betroffenheit.**
  Et si on m'obligeait aussi à porter un uniforme?

Aufbau (Fortsetzung)

Hauptteil: Abwägen von Meinungen und Gründen

- Die zu untersuchende Frage wird **von mehreren Seiten** betrachtet.
  - *Bien que (+ Subj) ...*
  - *Mais en même temps ...*
  - *Il faut tenir compte que ...*
  - *C'est incontestable que (+ Subj) ...*

Dans les écoles d'aujourd'hui, beaucoup d'élèves sont obligés de porter les vêtements de marque du dernier cri, s'ils ne veulent pas être mis à l'écart, **mais en même temps** les élèves définissent leur identité par un certain style d'habit. Obliger tous les élèves à porter un uniforme pourrait être la solution.

- **Pro- und Kontra-Argumente** werden gegenübergestellt.
  - *L'avantage / l'inconvénient est ...*
  - *d'un côté ... de l'autre côté ...*
  - *mais il ne faut pas oublier que ...*

Mais **d'un côté,** en tant qu'individus nous avons le droit de nous habiller comme nous le voulons, **mais de l'autre côté** nous pouvons limiter ce besoin à notre temps libre en dehors de l'école.

- Wenn möglich, können **Zitate** aus dem Text oder Tatsachenmaterial zum **Beleg der Argumente** angeführt werden.
  - *À la ligne 13*
  - *De la ligne 15 à la ligne 17*
  - *Il est clair / évident que (+ Subj) ...*
  - *Voilà la preuve que ...*
  - *Les statistiques montrent que ...*

À la ligne 13, l'auteur nous expose l'idée centrale et **de la ligne 15 à la ligne 17,** il nous donne des exemples de son point de vue. **Les statistiques montrent que** les élèves dépensent beaucoup d'argent pour acheter des vêtements de marque.

- Die Argumente sollten nach ihrer **Wichtigkeit** angeordnet werden.
  - *La raison la plus importante, c'est ...*
  - *Une autre raison pourquoi ...*
  - *En plus ...*

La raison la plus importante, c'est certainement la discrimination des élèves qui n'ont pas l'argent pour acheter des vêtements de marque.

Abschluss: Formulierung einer persönlichen Meinung oder Vorschlag eines Kompromisses

Am Schluss einer Argumentation werden noch einmal die Ergebnisse in knapper Form **zusammengefasst.**

- *Je pense que ...*
- *parce que ...*
- *En tenant compte de tous ces arguments, je suis de l'avis que ...*
- *à la fin, je me permets la remarque suivante ...*

Porter des uniformes a certainement des avantages, **mais je pense que** l'expression de l'individualité compte beaucoup plus. **En tenant compte de tous ces arguments, je suis d'avis que** si on laisse ce choix aux élèves, je pourrais être pour un certain règlement vestimentaire pour ne pas défavoriser les élèves moins aisés.

1.5 Einen fiktiven Text weiterschreiben

Für die **kreative Fortsetzung** eines Textes ist dessen genaue Untersuchung wichtig, damit die Weiterführung **nahtlos anschließen** kann, beispielsweise ein neues Ende zu einer vorhandenen Geschichte oder eine Ergänzung des Ausgangstextes um einen weiteren Teil, der dort nicht beschrieben wird.

Vorgehensweise

Untersuchung des Ausgangstexts

Zuerst müssen der Ausgangstext genau gelesen und folgende Aspekte geklärt werden:

- das **Thema** *(sujet)* des Textes herausfinden,
- die **Hauptfiguren** benennen,
- **Ort** und **Zeit** der Handlung bestimmen,
- Klarheit über die **Eigenschaften** der Figuren gewinnen.

C'est une **histoire d'amour** entre **David et Charlotte** qui se rencontrent **un jour dans un magasin** de mode. Charlotte a seize ans, elle est **timide** et elle **aime son chien Filou.** David a dix-sept ans et **il n'a jamais eu de petite amie.** Il **aime dessiner** des BD et il **s'occupe souvent de son petit frère** Jean qui a quatre ans.

Ideensammlung für die Geschichte

- Die **Hauptinformationen des Ausgangstexts,** die für den weiteren Verlauf der Geschichte wichtig sind, müssen festgelegt werden.
  David et Charlotte **tombent amoureux** l'un de l'autre, mais ils **n'osent pas se parler.**
- Um die Geschichte sinnvoll fortschreiben zu können, müssen die **Reaktionen der handelnden Personen** überdacht werden.
  Comme **Charlotte n'ose rien faire** (elle est timide), **David** (qui aime dessiner) lui **dessine une histoire** dans laquelle il avoue (gestehen) son amour.
- Manche Reaktionen kommen nicht infrage, weil sie sehr **unwahrscheinlich** sind,
  Charlotte lui tombe dans les bras. (Diese Reaktion scheint unrealistisch, da sie schüchtern ist.)
- andere würden sehr gut zur Ausgangsgeschichte **passen.** Dazu muss man herausfinden, welche Motive die Personen der Ausgangsgeschichte bislang geleitet haben.
  Elle **présente son chien au petit frère** de David. Elle propose à Jean de caresser Filou et **puis elle peut parler avec David.**
- Die Geschichte hat ein **gutes Ende.**
  Charlotte et David se rencontrent tous les jours et un jour **David l'invite à manger une glace.**
- Die Geschichte hat ein **trauriges Ende.**
  Isabelle n'est pas timide et elle invite David à aller au cinéma et puis **David tombe amoureux d'Isabelle et oublie Charlotte.**

Schreiben

- Die einzelnen Handlungsschritte müssen durch **Absätze** untergliedert werden. Die Sätze in den Abschnitten dürfen **nicht zu lang** sein.
- Die Sätze werden durch **Bindewörter** *(mots charnières)* aneinander gereiht. Sie verbinden die aufeinander folgenden Handlungsschritte.
- Zum Schluss muss der Text sorgfältig auf Fehler **korrigiert** werden.

Charlotte et David se rencontrent. **Même deux jours après**, ils pensent toujours l'un à l'autre mais n'osent pas se parler. **Puis David** a une idée: Il dessine une BD pour Charlotte. Charlotte est heureuse, mais comme elle n'ose pas directement parler à David, elle présente Filou à Jean **et enfin** David et Charlotte peuvent discuter. Charlotte est heureuse et le remercie pour la BD. **Pendant qu'ils** mangent une glace ensemble, ils ont enfin le courage de parler de leur amour.

2 Texte untersuchen

Literarische Texte und **Sachtexte** unterscheiden sich durch ihren Bezug zur Wirklichkeit. Literarische Texte (fiktionale Texte) sind vom Autor erfundene Geschichten, die der Wirklichkeit ähnlich sein können. Fiktionale Texte lassen sich je nach ihrer Darstellungsform in unterschiedliche Gattungen einordnen.
Sachtexte (nicht fiktionale Texte) beziehen sich in ihrem Inhalt auf die Wirklichkeit. Man unterscheidet, je nach Mitteilungszweck, verschiedene Arten.

BLICKPUNKT

Texte

literarische Texte ***(textes littéraires)***

Gattung Epik

(Erzählende Texte)

- **récit** (Erzählung)
- **roman** (Roman)
- **fable** (Fabel)

Gattung Lyrik

(Gedichte und Lieder)

- **poème** (Gedicht)
- **chanson** (Lied)

Gattung Dramatik

(Dramen)

- **comédie** (Komödie)
- **théâtre absurde** (absurdes Theater)

Sachtexte/ Gebrauchstexte ***(textes non littéraires)***

- **article de journal** (Zeitungsartikel)
- **publicité** (Werbung)
- **courrier du lecteur** (Leserbrief)
- **texte scientifique** (wissenschaftlicher Text)
- **reportage** (Reportage)
- **discours** (Rede)

2.1 Sachtexte (les textes non littéraires)

Einteilung

Seriöse Presse *(la presse sérieuse)*
Tages- und Wochenzeitungen mit einem **unauffälligem** Layout und einer **präzisen** und **fachspezifischen Ausdrucksweise** im *français standard* (↑ S. 84). Sie sind um **Sachlichkeit** und **Objektivität** bemüht. Beispiele: *Le Monde*, *Le Figaro* als Tageszeitungen und *Le point* als Wochenzeitschrift.

Boulevardpresse *(la presse à sensation)*
Tageszeitungen mit **auffälligem** Layout und **umgangssprachlichem Wortschatz** *(français populaire*, ↑ S. 84). **Sensationelle** und **menschlich anrührende Inhalte** werden einer sachlichen Berichterstattung vorgezogen. Die Artikel der Boulevardpresse appellieren vorwiegend an die **Neugier**, die **Sensationslust** und das **Mitgefühl** der Leser.

2.1.1 Der Zeitungsartikel (l'article de journal)

Die Nachrichtenmeldung

- Die Nachrichtenmeldung ist eine Form der Berichterstattung, die eine objektive Darstellung eines Ereignisses und seiner Umstände liefert. Im **ersten Absatz** werden meist schon die Fragen *qui, quoi, où, quand, comment* und *pourquoi* beantwortet.
- In den **folgenden Absätzen** wird die Grundnachricht weiter ausgeführt, wobei die Informationen zunehmend unwichtiger und detailreicher werden.

Pendant la nuit du 24 au 25 mai (quand), il s'est passé **un accident** (quoi) **près de Lyon** (où), au cours duquel les **deux conducteurs** (qui) ont été **grièvement blessés** (comment). Il semble que l'un des conducteurs ait été ivre (pourquoi).
Les témoins (Zeugen) ont dit **qu'il y avait une brume épaisse** qui a empêché les usagers de la route (Verkehrsteilnehmer) de bien voir la voie.

Die Reportage

Die Reportage ist eine Form der Berichterstattung, die ein Ereignis nicht nur darstellt, sondern auch **kommentiert.**

Encore des victimes sur la route, causées par un conducteur ivre! Il faut que les hommes politiques réagissent. **On devrait interdire de prendre le volant avec la moindre goutte d'alcool.**

2.1.2 Das Interview (l'interview)

Das Interview ist eine **schriftliche Form des Dialogs,** das den Leser über eine besondere Person informiert, die zu den Fragen des Journalisten Stellung nimmt, bzw. ihre ganz persönliche Meinung darlegt.

- In der **Einleitung** wird die interviewte **Person vorgestellt.** Bei sehr bekannten Persönlichkeiten fällt dieser Teil des Interviews weg.
- Im **Hauptteil** des Interviews wird die Person z. B.
  - zu ihrem **Leben,**
  - zu ihrer **Meinung/Einschätzung/Kommentar** zu einem besonderen Thema befragt.

Tonton David, qui fête aujourd'hui ses dix ans de carrière de **musicien,** est un des musiciens les plus connus en France.

Journaliste:	Comment vos **souvenirs d'enfance** ont-ils inspiré les textes de vos chansons?
Tonton David:	J'ai eu une enfance difficile ...
Journaliste:	**Que pensez-vous** des jeunes rappeurs d'aujourd'hui?
Tonton David:	**A mon avis** ...

2.1.3 Der Leserbrief (le courrier du lecteur)

- Der Leserbrief ist ein **von einem Leser an eine Zeitung oder Zeitschrift** gerichteter Brief. In dieser Form des Kommentars erhält der Leser die Möglichkeit, sich mit **seiner Meinung zu einem Thema** oder einem Problem an die Öffentlichkeit der Leserschaft des jeweiligen Printmediums zu richten.
- Der Leserbrief ist an keine besondere Form gebunden. Er ist wie ein **persönlicher Brief** verfasst, in dem sich der Leser zu einem bestimmten Thema äußert. Es gibt zwei verschiedene Sorten von Briefen:
  - Der Leserbrief bezieht sich auf einen **Zeitungs- oder Zeitschriftenartikel.** Deshalb muss zu Beginn des Leserbriefes genau gesagt werden, worauf man sich bezieht. Auf diese Form der Meinungsäußerung bekommt man in der Regel keine Antwort von der Redaktion.

  Mesdames, Messieurs,
  Me **reférant à votre article** du 27 mars, je me permets de vous informer que je (ne) suis (pas) d'accord avec votre point de vue.

  - Der Leserbrief fällt unter die Rubrik **„Kummerkasten"**. Er wird an die Redaktion geschrieben, um einen Rat oder eine Hilfestellung einzuholen. In diesem Fall drückt der Leser meist zuerst seine **Unzufriedenheit** und/oder seine **Enttäuschung** aus und erläutert dann, wo sein **Problem** liegt.
- Die Antwort aus der Redaktion ist bezüglich der Form oft gleich: Zuerst wird dem Leser sein **Mitgefühl ausgedrückt,** dann wird ein **Rat** formuliert oder ein **Denkanstoß** geliefert.

  Cher Philippe!
  Je suis **malheureuse.** Je me trouve **laide et trop grosse.** Alors je ne trouve pas d'amis et je suis seule. Que dois-je faire? ... Antwort: Votre/ta situation est **vraiment difficile** et **je comprends** bien votre/ton problème. Mais est-ce que l'aspect extérieur est vraiment si important? À votre/ta place, je mettrais l'accent sur tes/vos points forts. Vous avez/Tu as déjà pensé à ...?

BESONDERS NÜTZLICH

Leitfragen und Formulierungshilfen zur Untersuchung von Sachtexten

Quel est le sujet du texte?	Le sujet du texte est ...
De quoi s'agit-il dans le texte?	Le texte traite de ...
De quelle sorte de texte s'agit-il?	Le texte est un reportage/une interview ...
À qui l'auteur a-t-il adressé le texte?	L'auteur a adressé le texte à tous ceux qui ...
Qui a écrit le texte?	Le texte a été écrit par ...
Quelle est la structure du texte?	
En combien de parties le texte est-il divisé?	Le texte est divisé en ... parties.
Quelle est l'idée centrale/l'idée la plus importante du texte?	L'idée centrale/la plus importante est ...
Quelle est l'opinion de l'auteur?	L'auteur défend l'opinion ...
Quelle est son argumentation?/ Quelles sont ses raisons?	Il argumente/suggère/mentionne que ...
Quelle est sa conclusion?	À la fin, il arrive à la conclusion que .../ D'après son opinion, nous devrions ...
Quelle est l'intention de l'auteur?	L'auteur veut informer/faire croire à/ convaincre le lecteur ...
Quelle est ton opinion?	Moi, je pense que .../Je (ne) suis (pas) d'accord avec l'opinion exprimée dans le texte.

2.2 Literarische Texte (les textes littéraires)

Literarische Texte sind im Gegensatz zu Sachtexten Schilderungen des Autors, die seiner **Fantasie** entspringen. Je nach Art und Weise der literarischen Darstellung werden die Texte unterschiedlichen **literarischen Gattungen** zugeordnet (↑ S. 93).

2.2.1 Grundstruktur von Romanen und Erzählungen

Zur **Gestaltung der fiktionalen Welt** in erzählten Texten kann der Autor verschiedene Mittel einsetzen. Zentrale Elemente sind neben der Wahl der **Handlung** auch die **Figuren**, das **Erzähltempo** und die Art und Weise, wie die Figuren **charakterisiert** werden.

Der Erzähler

Der Erzähler *(le narrateur)* ist **nicht mit dem Autor identisch.** Er nimmt einen bestimmten **Standpunkt** *(le point de vue)* ein, von dem aus er die erzählte Handlung betrachtet und darstellt.
Ein literarischer Text kann somit aus **mehreren Perspektiven** erzählt werden:

- von einem **unbeteiligten** Erzähler *(la narration à la troisième personne)*, der die erzählte Welt von **außen** betrachtet,

  «Quand la caissière lui avait rendu la monnaie [...] Georges Duroy est sorti du restaurant.»
  (*nach:* Guy de Maupassant, *Bel-Ami*, Livre de Poche 1983, p. 15)

- von einem **Ich-Erzähler** *(la narration à la première personne)*, der an der Handlung **beteiligt** ist.

  «Un soir enfin, comme je passais devant sa porte, je l'ai aperçu qui fumait sa pipe [...] dans son jardin. Je l'ai salué, il m'a invité à entrer pour boire un verre de bière.»
  (*vereinfacht nach:* Guy de Maupassant, *Une main*, dans: récit policiers, Klett 1997, p. 6 f.)

Der Aufbau einer Erzählung

Die Handlung baut sich in der Regel in **drei Hauptphasen** auf:

- Die **Einleitung** *(l'introduction)* stellt das Thema *(le sujet)* und die Figuren *(les caractères)* sowie Ort *(le lieu d'action)* und Zeit *(le temps)* der Handlung vor.
- Im **Hauptteil** *(la partie principale)* erreicht die Handlung den Höhepunkt *(le point culminant)*, ein Wendepunkt *(le tournant)* leitet die abfallende Handlung ein.
- Im **Schlussteil** *(la fin)* kommt die Handlung zu ihrem Ende.

Die Handlungsstruktur

Die Handlung einer Erzählung (*le plan*) besteht aus einer **Kette von Ereignissen** *(l'enchaînement d'événements)*. Diese Ereignisse können auf unterschiedliche Weise angeordnet sein:

- in ihrer zeitlichen Reihenfolge *(de manière chronologique)*,
- verknüpft nach **Ursache und Wirkung** *(liés par cause et effet)*,
- verknüpft nach **Haupt- und Nebenhandlung** (liés par action principale et action secondaire),
- **rückblickend** *(raconté de façon rétrospective, raconté avec le coup d'œil rétrospectif)*.

Die Figuren (les personnages)

Die **direkte Charakterisierung** *(la caractérisation directe)* (↑ S. 86) ■ Die Figuren werden vom Erzähler vorgestellt, indem der **Erzähler selbst** Merkmale und Verhaltensweisen seiner Figur nennt und beschreibt. ■ Der **Erzähler erklärt** und **bewertet** das Verhalten einer Person.	Duroy était un homme **attrayant, mais pauvre.** **C'est pourquoi** il cherchait à **séduire** des **femmes riches** et influentes.
Die **indirekte Charakterisierung** *(la caractérisation indirecte)* ■ Das Verhalten einer Person wird **aus der Sicht einer anderen Figur** dargestellt und bewertet. ■ Der Erzähler beschränkt sich auf die **kommentarlose Wiedergabe** dieser Beschreibung. ■ Der **Leser** muss sich sein **eigenes Urteil** bilden.	Mme Walter, vieille et riche, était charmée par le jeune Duroy. **Elle aimait ses manières** et sa belle apparence. «Il est **beau comme un dieu**», **pensait-elle** souvent. (*nach:* Guy de Maupassant, *Bel-Ami*, Livre de Poche 1983)

2.2.2 Literarische Gattungen (les genres littéraires)

Definitionen	
Erzählung *(le récit)* Diese Erzählform umfasst einen **kürzeren** Text, der in **Prosa** geschrieben ist.	Guy de Maupassant, *Un Parricide* Marcel Aymé, *Le Dernier*
Roman *(le roman)* Der Roman umfasst eine Vielzahl verschiedener Werke. Er ist eine **Erzählung in Prosa**, die mehrere **Kapitel** oder **Episoden** beinhaltet.	Romain Gary, *La vie devant soi* Guy de Maupassant, *Bel-Ami* Michel Tournier, *Vendredi ou la Vie sauvage*
Krimi *(le roman policier, le récit policier, le polar)* Der Kriminalroman ist eine Form der Erzählung, die die **Untersuchung eines Verbrechens** (l'instruction d'un crime) und dessen **Motive** darstellt.	Georges Simenon, *Maigret et le fantôme* Pierre Boileau et Thomas Narceja, *Marché en main*
Märchen *(le conte)* Das Märchen ist eine **mündlich überlieferte Erzählung,** die in allen Kulturen und Epochen vorkommt. Deswegen existiert es in zahllosen literarischen Varianten.	Perrault, *Contes* Jean Giraudaux, *La lettre anonyme* Albert Camus, *Les Muets*
Science-Fiction *(l'histoire de science-fiction)* Science-Fiction ist eine Form der Erzählung, deren **Handlung in der Zukunft** stattfindet. Die Handlungen sind häufig eine Verbindung von **wissenschaftlichen** und **technischen Visionen**, können aber auch **Parabeln** für das Leben in der Gegenwart sein.	René Barjavel, *La nuit des temps* Jules Verne, *Paris au XXe siècle*

Definitionen (Fortsetzung)

Comics *(la bande dessinée, la BD)* Die **Bildergeschichten** mit **Sprechblasen** oder **Untertiteln** spielen eine große Rolle in der französischsprachigen Literatur und erzählen die unterschiedlichsten Geschichten, vom Abenteuer bis zur sozialkritischen Satire. Belgien hat hier eine Vorreiterrolle inne.	Morris, *Lucky Luke* Goscinny et Uderzo, *Astérix et Obélix* Claire Bretécher, *Agrippine* Hergé, *Tintin et Milou*
Fabel *(la fable)* Die Fabel ist eine kurze Erzählung mit **belehrender Absicht,** in der **Tiere** oder **Pflanzen** menschliches Verhalten zeigen. Jedes Tier verkörpert ganz bestimmte menschliche Eigenschaften oder Einstellungen. Die Fabel endet oft mit einer **Moral.**	Jean de La Fontaine, *La cigale et la fourmi*
Theater *(le théâtre)* Das Theater hat seinen **Ursprung in der Antike** und kommt in der französischen Literatur seit dem 17. Jahrhundert in verschiedenen Varianten vor.	Pierre Corneille, *Cinna* Jean Racine, *Andromaque* théâtre de l'absurde: Jean-Paul Sartre, *Huis clos* Eugène Ionesco, *Rhinocéros, La leçon, La cantatrice chauve*

BESONDERS NÜTZLICH

Leitfragen und Formulierungshilfen zur Untersuchung literarischer Texte

De quoi le texte parle-t-il?	L'histoire / le récit traite le problème de ...
Quelle est la situation, l'événement ou le conflit de l'histoire?	Dans le texte, il est question de ... L'événement principal est ...
Où et quand l'histoire a-t-elle lieu?	L'histoire a lieu à ... en ...
Comment l'histoire est-elle racontée?	L'histoire commence avec l'événement central / au milieu de l'action ...
Divisez le texte en parties.	Le texte est divisé en ... parties.
Quelle est l'atmosphère créée dans le texte?	Dès le début l'auteur crée une atmosphère de suspense (spannend) / comique / drôle / bizarre / lugubre (düster) / inquiétante (unheimlich)
Quels sont les mots-clés du texte?	Les mots-clés du texte sont ...
Quels sont les caractères principaux du texte?	Le caractère principal est ...
Comment sont-ils présentés?	Le caractère principal est présenté de manière positive / négative / ambiguë.
Quelle est la relation entre les personnages?	La relation entre ... et ... est bonne / mauvaise / tendue (gespannt) / ambivalente (zwiespältig).
Quelle est la fin de l'histoire?	L'histoire se termine bien / mal. Elle a une fin triste / heureuse / malheureuse / incertaine ...

2.3 Gedichte und Lieder (poèmes et chansons)

Gedichte und Lieder unterscheiden sich von dramatischen Texten und Prosa durch ihre **äußere Form,** durch ihre Einteilung in **Verse** *(le vers)* und **Strophen** *(la strophe)* sowie durch ihre **bildhafte** und **konzentrierte Sprache.**

Merkmale

Inhalt

- Gedichte und Lieder können **alltägliche,** aber auch **gesellschaftskritische Themen** behandeln.
- Sie spiegeln häufig die **persönliche Sichtweise des Autors** wider.
- Sie können Ausdrucksformen für **innere Vorgänge** sein: bewegende **Eindrücke** oder **Erfahrungen,** tiefe anhaltende **Gefühle,** gedankliche **Vorgänge.**

Gedichte:
Jacques Prévert, *Déjeuner du matin, Les enfants qui s'aiment*

Lieder:
Céline Dion, *D'amour ou d'amitié*
Patricia Kaas, *Mon mec à moi*
MC Solaar, *Armand est mort*

Aufbau

- Gedichte und Lieder bestehen aus einer unterschiedlichen Anzahl von **Strophen,** die eine unterschiedliche Anzahl von **Versen** umfassen können.
- In Liedern folgt im Allgemeinen nach jeder Strophe ein **Kehrvers** *(le refrain).*
- Der **Reim** *(la rime)* führt zu Klangwiederholungen am Versende.

A J'ai perdu ma force et ma **vie**
B Et mes amis et ma **gaieté** (Fröhlichkeit)
B J'ai perdu jusqu'à la **fierté**
A Qui faisait croire à mon **génie**
(Alfred de Musset, *Tristesse*, 1840)

Sprache

- Der Autor verwendet bildhafte Sprache zur **Veranschaulichung** seiner **Gedanken.**
- Als bildhafte Sprache *(langage figuré)* bezeichnet man sprachliche Mittel wie
  - den **Vergleich** *(la comparaison),*
  - das **Bild** *(l'image)* und
  - die **Metapher** (indirekter Vergleich; *la métaphore*).

comparaison: Quand le ciel bas et lourd pèse comme un couvercle (Deckel)
(Charles Baudelaire, spleen, 1857, aus: *A travers la poésie française*, Klett, 1998)
image: Ils cassent le monde / à coup de marteau (Hammer) (Boris Vian, *Je voudrais pas crever*, 1962)
métaphore: Quand j'ai connu la Vérité / J'ai cru que c'était une amie
(Alfred de Musset, *Tristesse*, 1840)

Besonderheiten beim Lied

Das Lied ist ein Gedicht, das mit **Musik** unterlegt ist. Musik und Text müssen daher als eine Einheit gesehen und interpretiert werden.
Der Begriff *chanson* ist im Französischen auch eine **Musikgattung.** Sie charakterisiert klassische Lieder von Edith Piaf bis Alain Souchon. Andere Musikgattungen sind z. B. *le rap, le rock, le reggae, la techno.*

Sprache und Ausdruck	
Im Vergleich zu klassischen Gedichten, in denen fast ausschließlich eine sehr gewählte Sprache verwendet wurde (*français soutenu*),	Gedichte: Les **astres** (étoiles) de l'Europe ont disparu des cieux (ciel pl.). (Casimir Delavigne, *Trois jours de Christophe Colomb,* 19. Jahrhundert)
wird in modernen Gedichten und Liedern auch das *français parlé* (↑ S. 84) (vom *français populaire* bis zum *français argotique*) verwendet.	Lieder: Mon **mec** (mari, ami) à moi (Patricia Kaas, 1986)
Besonders der *rap* benutzt teilweise eine sehr vulgäre Sprache, um den Hörer zu schockieren.	Cet **enfoiré** (Arschloch) d'huissier, le facteur qui m'apporte mes PV/Les **rates** (filles) qui ne veulent pas **sucer** (einen blasen) (NTM, *Flirt avec le meurtre*)
Beim *rap* wird viel Wert auf den Binnenreim legt, der auf diese Weise den Akzent auf einzelne Worte legt und sie besonders betont.	Je **zieute** (regarder) la **meute,** personne ne **pieute** (dormir), ça sent **l'émeute** (Aufstand) (Ministère amer, *Sacrifice du poulet*)

BESONDERS NÜTZLICH

Leitfragen/Formulierungshilfen zur Untersuchung von Gedichten und Liedern

▪ **Quel est le sujet du poème/de la chanson?**	Le sujet du poème / de la chanson est ...
L'auteur parle-t-il d'une personne spéciale?	Le personnage central est ...
A qui le poème/la chanson est-il/elle adressé/e?	Le poème / la chanson est adressé / e à
▪ **Comment le sujet est-il présenté?**	
Peut-on diviser le poème/la chanson en plusieurs parties?	La chanson est divisée en ... parties.
Comment le poème/la chanson évolue?	Durant la chanson, celle-là devient de plus en plus triste / mélancolique.
Quelle est l'opinion de l'auteur?	L'auteur garde une distance vis-à-vis de la chanson / poème ... / Il prend partie pour ...
Quelle est l'atmosphère créée par les paroles?	Les paroles créent une atmosphère triste / gaie.
▪ **Comment la musique est-elle caractérisée?**	La musique est caractérisée par ...
Quelle atmosphère est créée par la musique?	La musique crée une atmosphère triste / gaie.
Est-ce une musique rythmée?	La chanson (n') est (pas) rythmée / calme.
A quel genre la musique appartient-elle?	C'est une chanson rap parce que les paroles sont plus importantes que la musique.
Comment la musique harmonie-t-elle avec les paroles?	Les paroles soulignent l'atmosphère triste / gaie créée par la musique.
▪ **Quel est le message du poète/du musicien?**	Il veut exprimer / avertir / protester contre / demander / supplier / persuader son auditoire
Comment/par quels moyens l'auteur exprime-t-il son message?	Il emploie des métaphores pour ... Il utilise souvent l'image de ... pour ...

WORTFELDER

1 Description d'une personne

La description physique

Il/Elle est ...			**avoir les cheveux (m, pl) ...**		
grand, e (groß)	↔	petit, e (klein)	blonds et courts	↔	noirs et longs
gros, se (dick)	↔	mince (schlank)	lisses (glatt)	↔	bouclés (lockig)
beau/belle (hübsch)	↔	moche (hässlich)	bruns/châtain (braun)		
fort, e (dick)	↔	fragile (zierlich)	roux (rot)		
mignon, ne (süß)	↔	affreux, se (abstoßend)	gris (grau)		
			blancs (weiß)		
pâle (blass)	↔	bronzé, e (gebräunt)			
jeune (jung)	↔	âgé, e (alt)	porter des lunettes (eine Brille tragen)		
			porter une barbe/une moustache (einen Bart/Schnurrbart tragen)		
ressembler à (aussehen wie)					

BESONDERS NÜTZLICH

Besonderheiten bei Personenbeschreibungen

- Bei der Angabe von Haar- und Augenfarbe steht im Französischen der bestimmte Artikel im Plural.
  La fille a les cheveux noirs. (Das Mädchen hat schwarze Haare.)
  Il a les yeux verts. (Er hat grüne Augen.)
- Nach *avoir l'air* richtet sich das Adjektiv in der Regel nach dem Subjekt. Bei weiblichen Personen kann jedoch auch die maskuline Form stehen. Dann ist *air* das Bezugswort.
  Elle a l'air heureuse/heureux. (Sie sieht glücklich aus.)

L'expression du visage

Il/Elle a l'air ... (er/sie sieht ... aus)	**Il/Elle est ...**
fatigué, e (müde)	vert, e de peur (blass vor Angst)
énervé, e (genervt)	
triste (traurig)	rougir (erröten)

La description du caractère

être ...			
sympathique	↔	antipathique	sensible (empfindsam)
intelligent, e	↔	bête	drôle (lustig)
ouvert, e (offen)	↔	renfermé, e (verschlossen)	bizarre (seltsam)
			curieux, se (neugierig)
dynamique (dynamisch)	↔	ennuyeux, se (langweilig)	timide (ängstlich)
			sûr, e de lui/d'elle (selbstsicher)
gentil, le (freundlich)	↔	méchant, e (gemein)	direct, e
appliqué, e (fleißig)	↔	paresseux, se (faul)	discret, ète
calme (ruhig)	↔	vif, ve (lebhaft)	naïf, ve
conservateur, trice	↔	moderne	gai, e (fröhlich)
exigeant, e (anspruchsvoll)	↔	modeste (bescheiden)	lunatique (launisch)

Les aspects communicatifs/le comportement

C'est une personne ...
raisonnable (vernünftig)
sociable (umgänglich, gesellig)
aimable (liebenswürdig)

avoir de l'humour (Humor haben)

se comporter gentiment (freundlich sein)
avoir l'esprit sportif (Sportsgeist haben)
être un bon copain/une bonne copine
avoir bon/mauvais caractère
(einen guten/schwierigen Charakter haben)
être un frimeur/une frimeuse (Angeber/-in)
être un menteur/une menteuse (Lügner/-in)

être toujours prêt, e ... (immer bereit sein)
à se disputer (streiten)
à critiquer qn (kritisieren)
à se moquer des autres (sich lustig machen über andere)

Il/Elle a une attitude ... (eine ... Haltung)
ouverte/égoïste envers les autres

parler/réagir/répondre ...
d'un ton très poli (sehr höflich)
de manière polie (höflich) ↔ malpolie (unhöflich)
d'une façon lente (langsam)
de manière agressive
furieusement (wütend)

Il/elle aime ...
... faire le clown (den Clown spielen)
... consoler qn (trösten)
... aider qn (helfen)
... s'occuper de qn (sich kümmern um)

traiter qn ... (behandeln)
avec respect (mit Respekt)
avec mépris (mit Verachtung)

Les états d'âme

des sentiments positifs (positive Gefühle)

être ...
content, e (zufrieden)
de bonne humeur (gute Laune haben)
amoureux, se de qn (verliebt in)
fou/folle de qn (verrückt nach)
étonné, e (erstaunt)
excité, e (aufgeregt)

avoir le moral (gut drauf sein)
aimer qn (mögen)
adorer qn (sehr lieben)
admirer qn (bewundern)

des sentiments négatifs (negative Gefühle)
être gêné, e (in Verlegenheit sein)
être d'une humeur de chien (miese Laune haben)
être désolé, e (leidtun)

Il/Elle ...
se sent frustré, e (fühlt sich frustriert)
en a marre (hat die Nase voll davon)
en veut à qn (ist böse mit)
est en colère (ist zornig)
devient furieux, se (wird wütend)
est jaloux, se de qn (ist eifersüchtig auf)
s'inquiète (ist beunruhigt, in Sorge)
a peur de qn/qc (hat Angst vor)
a honte (schämt sich)
déteste qn/qc (verabscheut)

2 La vie en famille et à l'école

Les personnes et les relations

la famille
les membres de la famille (Familienmitglieder)
les parents (m, pl) (Eltern)
le père (Vater)
la mère (Mutter)
le couple (Paar)
le mari/époux (Ehemann)
la femme/épouse (Ehefrau)
les grands-parents (m, pl) (Großeltern)
un enfant (Kind)
les frères et sœurs (m, pl) (Geschwister)

le mariage (Hochzeit)
le divorce (Scheidung)
Il/Elle est marié, e. (Er/Sie ist verheiratet.)
Il/Elle est divorcé, e. (Er/Sie ist geschieden.)
la famille recomposée (Patchwork-Familie)
monoparental, e (alleinerziehend)

l'enfance (f) (Kindheit)
la naissance (Geburt)
élever un enfant (ein Kind großziehen)
avoir confiance en qn (Vertrauen haben zu)
être à l'aise dans la famillle (sich in der Familie wohlfühlen)
s'occuper de qn (sich kümmern um)
consoler qn (trösten)
chouchouter qn (verwöhnen)

l'adolescence (f)
un/une ado (der/die Jugendliche)
être bien/mal élevé, e (gut/schlecht erzogen)

les rapports avec les parents
les rapports (m, pl) (Verhältnis)
un adulte (Erwachsener)
compter sur qn (zählen auf)
se révolter contre qn/qc (sich auflehnen gegen)
interdire qc à qn (verbieten)
permettre qc à qn (erlauben)

les changements de l'adolescence
Il/Elle change. (Er/sie verändert sich.)
tomber amoureux, se de qn (sich verlieben in)
voir la vie en rose (das Leben durch die rosa Brille sehen)
le chagrin d'amour (Liebeskummer)
la déception (Enttäuschung)
avoir le droit de faire qc (das Recht haben zu)
prendre ses responsabilités (Verantwortung tragen)
réussir sa vie (im Leben Erfolg haben)

L'école

à l'école
aller à l'école (zur Schule gehen)
un/une élève (Schüler/Schülerin)
un/une prof (Lehrer/Lehrerin)
le directeur (Schulleiter)
apprendre qc (lernen)
enseigner qc (lehren)
travailler dur (hart arbeiten)

l'année scolaire (f) (Schuljahr)
la rentrée (Schulbeginn nach den Sommerferien)
l'emploi du temps (m) (Stundenplan)
les cours (Unterricht)
la fin des cours (Unterrichtsende)
la récréation (Pause)
les études dirigées (f, pl) (*feste Zeit, in der Schüler Hausaufgaben unter Aufsicht machen*)
la note (Note, Zensur)
être bon, ne en qc (gut sein in)
être nul, le/faible en qc (schwach/eine Niete sein in)
préparer une interro(gation) (eine Klassenarbeit vorbereiten)
faire un exercice (eine Übungsaufgabe machen)
faire les devoirs (Hausaufgaben machen)
travailler avec l'ordinateur (am Computer arbeiten)
redoubler la classe (die Klasse wiederholen)
réussir à un examen (eine Prüfung bestehen)
le bulletin (Zeugnis)

L'école (Fortsetzung)

le système scolaire
l'école maternelle (f) (Vorschule)
l'école primaire/élémentaire (f) (Grundschule)

le collège (Collège, Mittelstufe)
le brevet (Abschlussprüfung am Ende des Collège, *vergleichbar: mittlere Reife*)
le lycée d'enseignement général (Gymnasium)
passer le bac (Abitur machen)
le lycée professionnel (le L.P.) (Berufsschule)
le bac professionnel (Fachabitur)
l'université (f) (Universität)
la grande école (Eliteschule)
réussir à un concours (eine Zulassungsprüfung bestehen)
avoir la moyenne (mit den Noten ausreichend stehen)

les locaux
la cour (Schulhof)
le gymnase (Turnhalle)
la salle de classe (Klassenzimmer)
le CDI (Centre de documentation et d'information) (Schulbibliothek)
le self (Schulkantine)
l'infirmerie (f) (Krankenzimmer)
la salle de permanence (Arbeitsraum für Schüler)
le tuteur (Tutor)
le surveillant/la surveillante (Aufsichtsperson)

les matières
l'allemand (m) (Deutsch)
l'anglais (m) (Englisch)
le français (Französisch)
les maths (f, pl) (Mathe)
les S.V.T. (f, pl) (les sciences de la vie et de la terre) (Biologie)
l'histoire (f) (Geschichte)
la géo (Erdkunde)
l'éducation civique (f) (Gesellschaftskunde)
les sciences naturelles (Naturwissenschaften)
la technologie (Arbeitslehre)
EPS (l'éducation physique et sportive) (f) (Sport)
le dessin (Zeichnen)
la musique

BESONDERS NÜTZLICH

Des expressions utiles en classe

Qu'est-ce que cela veut dire? (Was heißt das?)
Comment est-ce qu'on écrit ...? (Wie schreibt man ...?)
Comment est-ce qu'on dit ... en français? (Wie sagt man ... auf Französisch?)
On en est à quelle page? (Auf welcher Seite sind wir?)
Est-ce que vous pouvez donner un exemple? (Können Sie ein Beispiel nennen?)
Est-ce que vous pourriez parler moins vite? (Könnten Sie langsamer sprechen?)
Est-ce que vous pourriez épeler le mot? (Könnten Sie das Wort buchstabieren?)
Est-ce que ce mot s'écrit avec une majuscule/une minuscule? (Schreibt man dieses Wort mit einem großen oder kleinen Anfangsbuchstaben?)
Est-ce que vous pourriez écrire ... au tableau? (Könnten Sie ... an die Tafel schreiben?)
Est-ce que vous pouvez répéter la phrase? (Können Sie den Satz wiederholen?)
Tu as/vous avez fait une faute de grammaire/de prononciation/de vocabulaire/d'accord. (Du hast/Sie haben einen Grammatikfehler/Aussprachefehler/Vokabelfehler/Angleichungsfehler gemacht.)
Corrige/corrigez la faute. (Verbessere/Verbessern Sie/verbessert den Fehler.)

3 Les relations humaines

3.1 Les amis

En contact avec des amis

l'amitié (f) (Freundschaft)
un ami/une amie (ein Freund/eine Freundin)
le copain/la copine (Kumpel/Kameradin)

l'amour (f) (Liebe)
tomber amoureux, se de qn (sich verlieben in)
aimer qn à la folie (wie verrückt lieben)
le coup de foudre (Liebe auf den ersten Blick)
la passion (Leidenschaft)
rendre qn heureux, se (glücklich machen)
rester fidèle à qn (treu bleiben)

une rencontre (Treffen)
avoir rendez-vous avec qn (eine Verabredung haben mit)
sortir avec qn (gehen mit)
l'argent de poche (Taschengeld)
inviter qn (einladen)
prendre un pot avec qn (einen trinken gehen mit)
embrasser qn (küssen)
faire la bise à qn (mit Wangenkuss begrüßen/verabschieden)
flirter avec qn (flirten mit)

fréquenter qn (Umgang haben mit)
s'amuser
la discothèque
sortir en boîte (in eine Disco gehen)
la boum (Fete)
discuter de qc (sich unterhalten, diskutieren über)
la dispute (Streit)
faire la tête (schmollen, sauer sein)

la langue des jeunes
branché, e (in, up to date)
les fringues (f, pl) (Klamotten)
le fric (Knete, Kohle)
un pote (Kumpel)
draguer qn (anmachen)
un mec (Kerl)
une nana (Tussi)
canon (spitze, geil)
qn flashe sur qn (bei jdm. funkt es beim Anblick von jdm.)
dingue (irre, bekloppt)
s'éclater (abfeiern)
une nouille (Blödmann, Tranfunzel)

3.2 La communication

Les façons de communiquer

contacter qn
écrire/envoyer une lettre
téléphoner à qn
utiliser un téléphone
se servir d'un portable (ein Handy benutzen)
envoyer/recevoir un SMS/un texto (eine SMS schicken/erhalten)
envoyer une télécopie (Fax)

communiquer par Internet
envoyer un message (Nachricht)
envoyer/lire un courriel (eine E-Mail senden/lesen)
mailer (mailen)
chater (chatten)

Les façons de communiquer (Fortsetzung)

au téléphone
un appel (Anruf)
donner un coup de téléphone à qn/appeler qn (anrufen)
demander qn au téléphone (am Telefon verlangen)
décrocher (abheben)
raccrocher (auflegen)
être au téléphone (telefonieren)
rappeler qn (zurückrufen)
faire/composer (wählen) un numéro
faire un faux numéro/se tromper de numéro (sich verwählen)
La ligne est occupée. (Die Leitung ist besetzt.)
C'est occupé. (Es ist besetzt.)
la cabine téléphonique (Telefonzelle)
la télécarte (Telefonkarte)

BESONDERS NÜTZLICH

Un coup de téléphone

M. Schmidt téléphone en France

répondre au téléphone	donner un coup de téléphone
Allô? →	Bonjour Madame. Je voudrais parler à Mme Dupont, s'il vous plaît.
C'est de la part de qui? →	Ici Max Schmidt.
Un instant, s'il vous plaît. Ne quittez pas. (...) Je suis désolée. Mme Dupont est en réunion. Est-ce qu'elle peut vous rappeler? →	Oui, bien sûr.
À quel numéro? →	C'est le 0049 pour l'Allemagne, puis le 721-51 39 47.

Des expressions utiles

Je vous le/la passe. (Ich verbinde Sie.)
Restez en ligne. (Bleiben sie am Apparat.)
M./Mme Dupont est absent, e pour l'instant. (Herr/Frau Dupont ist momentan nicht da.)
Vous êtes en communication avec le répondeur de ... (Hier ist der automatische Anrufbeantworter von ...)
Vous pouvez laisser votre message après le bip sonore. (Bitte hinterlassen Sie Ihre Nachricht nach dem Signalton.)

Les manières de s'exprimer

parler d'un problème
s'adresser à qn (sich wenden an)
envisager un problème/une difficulté (ein Problem/eine Schwierigkeit ins Auge fassen)
démontrer les avantages/les inconvénients (die Vorteile/Nachteile aufzeigen)

se plaindre (sich beklagen)
avoir raison (Recht haben)
exagérer (übertreiben)
se disputer (sich streiten)
protester contre qc
insister sur qc (beharren auf)
reprocher qc à qn (vorwerfen)
menacer qn (bedrohen)
critiquer qn
insulter qn (beleidigen)
avoir des préjugés contre qn/qc (Vorurteile haben gegen)
le résultat (Resultat, Ergebnis)

Les manières de s'exprimer (Fortsetzung)

être conciliant
comparer qc à (vergleichen mit)
donner un exemple (ein Beispiel geben)
proposer à qn de faire qc (vorschlagen etw. zu tun)
changer d'avis (seine Meinung ändern)
consulter qn (zu Rate ziehen)
s'excuser de qc (sich entschuldigen für)
se rendre compte de qc (sich im Klaren sein über)
rassurer qn (beruhigen)
convaincre qn (überzeugen)
considérer qc (nachdenken über/in Erwägung ziehen)
partager l'opinion de qn (die Meinung teilen von)
accepter/refuser un argument (ein Argument akzeptieren/ablehnen)
s'intéresser à (sich interessieren für)
consentir à qc (zustimmen)
être du même avis que (der gleichen Meinung sein wie)
donner son consentement à qn (seine Zustimmung geben)
être d'accord avec qn/qc (einverstanden sein mit)
souligner (unterstreichen)
hésiter (zögern/stocken)

entrer en discussion
demander qc à qn (bitten um)
demander qc (etwas fragen)
répondre à une question (auf eine Frage antworten)
se rappeler/se souvenir de (sich erinnern an)
un point de vue (Gesichtspunkt)
croire que (glauben, dass)
penser que (denken, dass)
assurer à qn que (versichern, dass)
influencer qn (beeinflussen)

donner des informations
s'informer sur qc (sich informieren über)
informer qn de qc (jemanden informieren über)
expliquer qc à qn (erklären)
traduire qc (übersetzen)
répéter qc (wiederholen)
continuer à faire qc (fortfahren etwas zu tun)
recommander qc à qn/à qn de faire qc (etwas empfehlen/empfehlen etwas zu tun)
renseigner qn sur qc (Auskunft geben über)
prévenir qn (benachrichtigen)

3.3 Les sentiments

le sentiment (Gefühl)
la vie affective (Gefühlsleben)
éprouver un sentiment (ein Gefühl empfinden)
ressentir (empfinden, spüren)

des sentiments agréables
le bonheur (Glück)
le plaisir (Freude, Vergnügen)
éprouver de la joie (Freude empfinden)
éprouver de l'amour (m) (Liebe spüren)
ressentir un sentiment de tendresse (ein Gefühl der Zärtlichkeit spüren)
la passion (die Leidenschaft)
avoir confiance en (Vertrauen haben in)
avoir de l'espoir (m) (Hoffnung haben)
avoir envie de faire qc (Lust haben zu)
rire (lachen)
sourire (lächeln)

être ...
content, e (zufrieden)
heureux, se (glücklich)
optimiste
satisfait, e de (zufrieden mit)
à l'aise (sich wohlfühlen)
soulagé, e (erleichtert)
sentimental, e

la surprise (Überraschung)
être étonné, e de (erstaunt sein über)

respecter qn (achten, respektieren)
la patience (Geduld)
avoir de la patience (Geduld haben)
se calmer (sich beruhigen)
avoir pitié de qn (Mitleid haben mit)

des sentiments désagréables
le malheur (Unglück)
blesser les sentiments de qn (Gefühle verletzen)
bouleverser qn (zutiefst erschüttern)
ressentir de la tristesse (Traurigkeit verspüren)
pleurer (weinen)
s'inquiéter (sich beunruhigen)

être ...
triste (traurig)
malheureux, se (unglücklich)
pessimiste
désespéré, e (verzweifelt sein)
mal à l'aise (sich unwohl fühlen)
troublé, e (verwirrt)
fâché, e (verärgert)
furieux, se (wütend)
jaloux, se (eifersüchtig)
déçu, e (enttäuscht)
anxieux, se (ängstlich)

la solitude (Einsamkeit)
souffrir de qc (leiden an, unter)
trouver qc insupportable (unerträglich finden)
l'indifférence (f) (die Gleichgültigkeit)
éprouver de la haine (Hass empfinden)
éprouver de la répugnance pour qn/qc (Abscheu empfinden für)
le mépris (Verachtung)
mépriser qn (verachten)
détester qn/qc (verabscheuen)
se méfier de qn/qc (misstrauen)
avoir peur de qn/qc (Angst haben vor)

la jalousie (Eifersucht)
envier qn pour qc (beneiden um)
la déception (Enttäuschung)
se venger (sich rächen)

regretter qc (bereuen)
se faire des reproches (f) (sich Vorwürfe machen)

BESONDERS NÜTZLICH

Exprimer son avis

À mon avis ... (Meiner Meinung nach ...)
Je pense que ... *(+ Ind)* (Ich denke/Ich bin der Meinung, dass ...)
Je trouve que ... *(+ Ind)* (Ich finde, dass ...)
Je crois que ... *(+ Ind)* (Ich glaube, dass ...)
Je suis sûr, e que ... *(+ Ind)* (Ich bin sicher, dass ...)
Je ne comprends pas pourquoi ... (Ich verstehe nicht, warum ...)
Il ne faut pas oublier que ... (Man darf nicht vergessen, dass ...)
Je ne suis pas d'accord avec ... (Ich bin nicht einverstanden mit ...)
Tu as peut-être raison, mais ... (Du hast vielleicht Recht, aber ...)
Tu ne comprends pas ce que je veux dire. (Du verstehst nicht, was ich sagen will.)
J'entends par là que ... (Ich will damit sagen, dass ...)
C'est vrai. (Das stimmt)
Il est clair que ... (Es ist einleuchtend, dass ...)
Il est vrai que ... (Es ist wahr, dass ...)
Je ne pense pas que ... *(+ Subj)* (Ich denke nicht, dass ...)
Je ne crois pas que ... *(+ Subj)* (Ich glaube nicht, dass ...)
Je suis surpris, e que ... *(+ Subj)* (Ich bin überrascht, dass ...)
Je trouve bizarre que ... *(+ Subj)* (Ich finde es seltsam, dass ...)
C'est important que ... *(+ Subj)* (Es ist wichtig, dass ...)

3.4 Les conflits

causer un conflit
être en conflit avec qn (einen Konflikt haben mit)
énerver qn (auf die Nerven gehen)
fâcher qn (wütend machen)
se moquer de qn (sich lustig machen über)
le reproche (Vorwurf)
attaquer qn (angreifen)
agresser qn (überfallen, angreifen)
offenser qn (beleidigen)
bousculer qn (anrempeln, stoßen)
frapper qn (schlagen)
le malentendu (Missverständnis)
l'adversaire (m, f) (Gegner/Gegnerin)
l'ennemi (m) (der Feind/die Feindin)

l'extension d'un conflit
la guerre (Krieg)
la paix (Frieden)
le soldat (Soldat)
envahir un pays (in ein Land einfallen)
occuper un pays (ein Land besetzen)
la résistance (Widerstand)
résister à qn (Widerstand leisten)
le combat (Kampf)
la Première Guerre mondiale (der Erste Weltkrieg)
la Seconde Guerre mondiale (der Zweite Weltkrieg)
blesser qn (verletzen)
le danger (Gefahr)
le mort/la morte (der Tote/die Tote)
la collaboration (Zusammenarbeit mit dem Feind)
la défaite (Niederlage)
l'armistice *(m)* (Waffenstillstand)
la capitulation
capituler

la fin d'un conflit
s'engager pour la paix (sich für den Frieden einsetzen)
la relation (Beziehung)
la libération (Befreiung)
libérer qn/qc (befreien)
signer un traité (einen Vertrag unterzeichnen)
mettre fin à une dispute (einen Streit beenden)
la coopération (Zusammenarbeit)
être jumelé, e avec une ville (eine Städtepartnerschaft mit einer Stadt haben)
le jumelage (Städtepartnerschaft)

4 La vie quotidienne

4.1 Les loisirs/les sports/les vacances

Les loisirs

sortir
sortir avec qn (ausgehen mit)
sortir en boîte (in die Disco gehen)
avoir rendez-vous avec qn (verabredet sein mit)
faire un tour en ville (eine Runde in der Stadt drehen)
faire les magasins (Geschäfte abklappern)
faire du lèche-vitrines (bummeln gehen)
prendre un pot avec qn (einen trinken gehen mit)
aller au café/au cinéma
aller à un festival
aller à un concert
visiter un château

jouer d'un instrument
jouer …
du piano/du saxophone
de l'accordéon
de la flûte
de la guitare
de la batterie (Schlagzeug)

Les loisirs (Fortsetzung)

des activités en groupe
aller à un club de théâtre/de danse/de peinture
jouer aux cartes/aux échecs (Schach spielen)
jouer à des jeux vidéo (Videospiele spielen)

la lecture
le livre
la librairie (Buchhandlung)
lire un roman/un magazine/une BD (Comic)/un journal

la peinture
faire de la peinture (malen)
le peintre (Maler)
la toile (Leinwand)
le pinceau (Pinsel)
le dessin (Zeichnung)

écouter/faire de la musique
écouter la radio
mettre un CD (eine CD auflegen)
créer/jouer dans un groupe de rock (eine Rockgruppe gründen/in einer Rockgruppe spielen)
le musicien (Musiker)
la chanson
le chanteur/la chanteuse (Sänger/-in)
la musique pop/classique
le reggae/le blues/le rap/le techno/le raï *(nordafrikanisches Musikgenre, z. B. von Khaled oder Zebda)*
le rythme est lent/rapide/régulier (langsam/schnell/gleichmäßig)

s'occuper d'un animal
le perroquet (Papagei)
le hamster
la souris (Maus)
le chien (Hund)
le chat (Katze)
le lapin (Kaninchen)
le cobaye (Meerschweinchen)

regarder un film
regarder un film à la télé/au cinéma
l'acteur/l'actrice (Schauspieler/-in)
la chaîne de télévision (Fernsehsender)
des genres de film
un film d'action/de science-fiction/d'aventures (Abenteuerfilm)/d'amour/d'horreur
le film policier (Krimi)
le western
l'émission de sport (Sportsendung)
le reportage

Les sports

exercer un sport (einen Sport ausüben)
le sportif/la sportive (Sportler/Sportlerin)
être sportif/sportive
être en bonne forme (eine gute Kondition haben)
être dans une association sportive (in einem Sportverein sein)

des sports divers
jouer au foot/au tennis
faire du judo/du ski/du vélo
la natation (Schwimmen)
le rugby
le basket
le jogging
le golf
le Nordic walking
la boxe
l'athlétisme (m)

l'équipe (f) (Mannschaft)
l'entraîneur/entraîneuse (Trainer/Trainerin)
s'entraîner (trainieren)
participer à un championnat (an einer Meisterschaft teilnehmen)
organiser un combat (einen Wettkampf organisieren)
gagner une médaille d'or/d'argent/de bronze (eine Gold- , Silber-, Bronzemedaille gewinnen)
applaudir qn (Beifall klatschen)
le stade (Stadion)
l'adversaire (Gegner/Gegnerin)
avoir le dessus (überlegen sein)
être éliminé, e (ausscheiden müssen)
marquer un point (einen Punkt erzielen)
perdre contre qn (verlieren gegen)
la revanche (Rückspiel)

Les vacances

partir en vacances (in Ferien fahren)
les grandes vacances (Sommerferien)
faire un voyage (eine Reise machen)
le tour (Reise)
se reposer (sich ausruhen)
se détendre (entspannen)
le site touristique (Sehenswürdigkeit)
passer les vacances au bord de la mer (die Ferien am Meer verbringen)/à la montagne (in den Bergen)

les activités au bord de la mer
la plage (Strand)
le sable (Sand)
ramasser des coquillages (Muscheln sammeln)
nager (schwimmen)
faire de la plongée (tauchen)
faire de la planche à voile (Windsurfen)
le bateau (Boot)
partir en mer (aufs Meer hinausfahren)
la vague (Welle)
la marée basse/haute (Ebbe/Flut)

les activités à la montagne
le rocher (Felsen)
la gorge (Schlucht)
l'alpinisme (Bergsteigen)
faire de l'escalade (sportklettern)
grimper (klettern)
la randonnée (Wanderung)
le ski
faire du ski de piste (skifahren)/de fond (langlaufen)
le skieur/la skieuse
la neige (Schnee)
la descente (Abfahrt)
le télésiège (Sessellift)

des logements
réserver une chambre (ein Zimmer reservieren)
l'hôtel (m)
l'auberge de jeunesse (f) (Jugendherberge)
le gîte (Ferienunterkunft-, quartier)
le terrain de camping (Campingplatz)

4.2 La formation et les métiers

Le monde du travail

le travail (Arbeit)
travailler (arbeiten)
le travailleur/la travailleuse (Arbeiter/Arbeiterin)
le petit boulot (Gelegenheitsarbeit)
le job (Gelegenheits-, Nebenarbeit)
le poste (die Stelle)
l'employé, e (Angestellte, r)
l'employeur (Arbeitgeber)
employer qn (jdn. beschäftigen)
être employé, e (eine Beschäftigung, Anstellung haben)
gagner sa vie (seinen Lebensunterhalt verdienen)

travailler ...
à plein temps (Vollzeit)
à temps partiel (Teilzeit)
dans une entreprise (in einem Unternehmen)
dans une usine (Fabrik)
dans un atelier (Werkstatt)
sur un chantier (Baustelle)

l'heure supplémentaire (Überstunde)
le/la collègue (Kollege/Kollegin)

le syndicat (Gewerkschaft)
la grève (Streik)
faire grève (streiken)
la manifestation (Demonstration)

la retraite (Rente; Ruhestand)
le retraité (Rentner)
toucher une retraite (eine Pension beziehen)

La formation professionnelle

la formation (die Ausbildung)
choisir une formation (sich für eine Ausbildung entscheiden)
le conseiller d'orientation (Berufsberater)
faire un stage en entreprise (ein Betriebspraktikum machen)
le/la stagiaire (Praktikant/-in)
l'entreprise (f) (Firma; Unternehmen)

se spécialiser dans (sich spezialisieren auf)
exercer un métier (einen Beruf ausüben)

le concours d'entrée (Aufnahmeprüfung; *zu Beginn einer Ausbildung bzw. eines Studiums)*
le L.E.P. (lycée d'enseignement professionnel) (Berufsschule)
aller au L.E.P.

le B.E.P. (brevet d'études professionnelles) (Berufsschulabschluss)
le bac professionnel (Fachabitur)
le C.A.P. (le certificat d'aptitude professionnelle) (Abschlusszeugnis *für eine berufliche Qualifikation, z. B. Gesellenbrief*)

l'apprentissage (m) (die Lehre, Ausbildung)
faire un apprentissage
l'apprenti, e (Lehrling/Lehrmädchen)
le centre de formation d'apprentis (Ausbildungszentrum für Lehrlinge)
le patron/la patronne (Chef/- in; Meister/-in)

faire des études (studieren)
l'université (f)
la grande école (Hoch-, Eliteschule)
se préparer à un examen (sich auf eine Prüfung vorbereiten)

À la recherche d'un emploi

être à la recherche d'un emploi (auf Arbeitssuche sein)
licencier qn (entlassen)
le licenciement
démissionner (kündigen)
le chômage (Arbeitslosigkeit)
le chômeur/la chômeuse
être au chômage
l'A.N.P.E.; Agence nationale pour l'emploi *(vergleichbar mit der deutschen Bundesagentur für Arbeit)*
l'agence d'emploi *(vergleichbar mit der deutschen Agentur für Arbeit)*

la candidature (Bewerbung)
poser sa candidature (sich bewerben)
écrire une lettre de candidature (ein Bewerbungsschreiben aufsetzen)
retenir une candidature (eine Bewerbung berücksichtigen)
le C.V. (le curriculum vitae) (Lebenslauf)
le diplôme (Zeugnis)
l'expérience (f) (Erfahrung)
avoir des connaissances (Kenntnisse haben)
être qualifié, e (qualifiziert sein)
embaucher qn (einstellen)
prendre qn à l'essai (zur Probe einstellen)

Des métiers divers

l'artisanat (Handwerk)
le métier artisanal (Handwerksberuf)
le menuisier/la menuisière (Schreiner/-in)
l'électricien/l'électricienne (Elektriker/-in)
le coiffeur/la coiffeuse (Friseur/-in)
le boulanger/la boulangère (Bäcker/-in)
le boucher/la bouchère (Fleischer/-in)
le cuisinier/la cuisinière (Koch/Köchin)
le sommelier/la sommelière (Kellermeister/-in, Weinexperte/-expertin)

des métiers artistiques (künstlerische Berufe)
le musicien/la musicienne
l'acteur/l'actrice (Schauspieler/-in)
le chanteur/la chanteuse (Sänger/-in)
le/la peintre (Maler/-in)
l'auteur (m) (Autor/-in)
l'écrivain(m) (Schrifsteller/-in)
le/la designer

Des métiers divers (Fortsetzung)

à la campagne
le paysan/la paysanne (Bauer/Bäuerin)
l'agriculteur/l'agricultrice (Landwirt/-in)
le berger/la bergère (Schäfer/-in)
le viticulteur/la viticultrice (Winzer/-in)
le jardinier/la jardinière (Gärtner/-in)

des métiers techniques
l'ingénieur (m, f) (Ingenieur/-in)
l'architecte (m, f) (Architekt/-in)
le conseiller/la conseillère en environnement (Umweltberater/-in)
le concepteur/la conceptrice de programmes d'ordinateur (Entwickler/-in von Computerprogrammen)

des professions académiques
le médecin (Arzt/Ärztin)
le/la pharmacien/ienne (Apotheker/-in)
le/la dentiste (Zahnarzt/-ärztin)
le/la juge (Richter/-in)
l'avocat/l'avocate (Anwalt/Anwältin)
le/la journaliste (Journalist/-in)
l'instituteur/l'institutrice (Grundschullehrer/-in)
le professeur (Lehrer/-in)

des emplois au service des gens
l'infirmier/l'infirmière (Krankenpfleger/-in)
la sage-femme/l'homme sage-femme (die Hebamme/der Geburtshelfer)
l'assistant, e social, e (Sozialhelfer/-in)
l'attaché, e de presse (Pressereferent/-in)
l'interprète (m, f) (Dolmetscher/-in)
le traducteur/la traductrice (Übersetzer/-in)
le/la guide (Reiseführer/-in)
le chauffeur de taxi (m, f) (Taxifahrer/-in)
le/la secrétaire (Sekretär/-in)

BESONDERS NÜTZLICH

Besonderheiten bei weiblichen Berufsbezeichnungen

- Einige männliche Berufsbezeichnungen benutzt man für Frauen und Männer.
  le médecin, le professeur, l'auteur, l'écrivain
- Inzwischen gibt es für die weibliche Berufsbezeichnung auch eine eigene Form.
  la femme médecin, la femme écrivain
- Bei Berufen, die früher Männern vorbehalten waren, existiert in der offiziellen Anrede *Madame* vor der männlichen Berufsbezeichnung. Madame le maire, Madame le président

4.3 Faire des achats

Les achats

l'achat (m) (Kauf)
acheter qc (kaufen)
faire les courses (Einkäufe machen)
entrer dans un magasin (ein Geschäft betreten)
le vendeur/la vendeuse (Verkäufer/-in)
le client/la cliente (Kunde/Kundin)
la caisse (Kasse)

s'informer
comparer qc (vergleichen)
demander le prix de qc (nach dem Preis fragen)
être bon marché (billig sein)
être cher/chère (teuer sein)
coûter (kosten)
l'article de marque (Markenartikel)
le produit (Produkt)
le rayon (Abteilung)
l'étalage (m) (Auslage)
la vitrine (Schaufenster)
la publicité (Werbung, Reklame)
l'argent (m) (Geld)
la monnaie (Kleingeld)

Les achats (Fortsetzung)

économiser et dépenser de l'argent
économiser (sparen)
dépenser (ausgeben)
les soldes (m, pl) (Schlussverkauf)
l'offre spéciale (Sonderangebot)
être en promotion (im Sonderangebot sein)
augmenter le prix (den Preis erhöhen)
(ra)baisser le prix (den Preis senken)
payer cher (teuer bezahlen)
la réduction (Preisreduzierung)

les magasins
le grand magasin (Kaufhaus)
le supermarché
le rayon d'alimentation (Lebensmittelabteilung)
le magasin spécialisé (Fachgeschäft)
l'épicerie (f) (Lebensmittelgeschäft)
la crémerie (Milch- und Käsegeschäft)
la boulangerie (Bäckerei)
la pâtisserie (Konditorei)
la boucherie (Fleischerei)
la charcuterie (Metzgerei, *hauptsächlich für Wurstwaren*)
la poissonnerie (Fischgeschäft)
le café-tabac (*frz. Café mit Verkaufsstelle für Post und Tabakwaren*)
la pharmacie (Apotheke)
le magasin de vêtements
la boutique

le marché (Markt)
aller au marché
le stand
le marchand/la marchande (Händler/-in)
la marchandise (Ware)
marchander (handeln/feilschen)

La mode

la collection de printemps/d'automne (Frühjahrs-/Herbstkollektion)
s'habiller à la mode (nach der Mode gehen)
le modèle (Modell)
essayer qc (anprobieren)
l'effet (m) (Wirkung)
bien aller à qn (gut stehen)
La robe vous va bien. (Das Kleid steht Ihnen gut.)
échanger qc (umtauschen)

l'accessoire (m)
le foulard (Schal)
la ceinture (Gürtel)

le style/la mode ...
moderne
classique
élégant, e
chic (*unveränderlich*)
conservateur/conservatrice

les vêtements chic
la chemise (Bluse)
la robe (Kleid)
la jupe (Rock)
le tailleur (Damenkostüm)
le costume (Anzug)
être confortable (bequem sein)
serrer (eng sein, drücken)
la taille (Kleidergröße)

les chaussures (f, pl)
les bottes (f, pl) (Stiefel)
les baskets (m, pl) (Turnschuhe)
les sandales (f, pl) (Sandalen)
la pointure (Schuhgröße)
chausser du 38 (die Größe 38 haben)
Du combien chaussez-vous? (Welche Schuhgröße haben Sie?)

le tissu ... (Stoff)
rayé (gestreift)
à carreaux (kariert)
à fleurs (geblümt)

en laine (aus Wolle)
en soie (aus Seide)
en coton (aus Baumwolle)
en cuir (aus Leder)
en synthétique (aus Kunstfaser)

La mode (Fortsetzung)

les vêtements (m, pl)
le pantalon (Hose)
le jean
le sweat
le T-shirt
le pull
le blouson (Windjacke)
le manteau (Mantel)
le chemisier (Bluse)
à manches longues (mit langen Ärmeln)
à manches courtes

les couleurs
la couleur (Farbe)
vert, e (grün)
bleu, e (blau)
noir, e (schwarz)
gris, e (grau)
blanc/blanche (weiß)
jaune (gelb)
rouge (rot)

unveränderliche Farbadjektive:
marron (braun)
orange
olive
citron
pistache (pistaziengrün)
argent (silbern)
bleu ciel
vert bouteille
bleu clair/foncé (hell-/dunkelblau)

BESONDERS NÜTZLICH

Dans une boutique

la cliente	la vendeuse
Est-ce que je pourrais voir le pantalon gris en vitrine? →	Oui, bien sûr, madame. Quelle taille est-ce que vous faites?
Du 38. →	Je vais vous chercher ce modèle. Je crois que nous en avons encore. – Le voilà.
Merci. Est-ce que je peux l'essayer? →	Mais oui. Les cabines sont au fond du magasin.
Zut. Il me serre. Je n'arrive presque pas à le fermer. Vous l'avez peut-être en 40? →	Attendez ... Oui, le voilà.
Merci, c'est mieux. →	Ce pantalon vous va parfaitement.
Alors, je le prends. →	Très bien, madame. Vous pouvez aller à la caisse, s'il vous plaît. Je vais remettre votre pantalon là-bas.

4.4 Au restaurant

Aller au restaurant

la réservation
réserver une table
le garçon (Kellner)
le serveur/la serveuse (Kellner/-in)

la table
mettre un couvert (ein Gedeck auflegen)
l'assiette (f) (Teller)
le couteau (Messer)
la fourchette (Gabel)
la cuillère (Löffel)
le verre (Glas)
boire dans un verre (aus einem Glas trinken)
la carafe d'eau (Wasserkaraffe)

à table
se mettre à table (sich an den Tisch setzen)
avoir faim/soif (Hunger/Durst haben)
demander la carte (die Karte verlangen)
le menu/la carte (Speisekarte)
la carte des vins (Weinkarte)
recommander qc à qn (empfehlen)
choisir un plat (ein Gericht auswählen)
le plat du jour (Tagesgericht)
le plat végétarien
la spécialité régionale

commander qc (bestellen)
prendre la commande (die Bestellung aufnehmen)
apporter qc (bringen)
servir qn (bedienen)
goûter qc (probieren)
le goût (Geschmack)
savourer qc (genießen)
la réclamation
réclamer qc
il manque qc (es fehlt)

les composants d'un menu traditionnel français
l'apéritif (m)
l'entrée (f) (Vorspeise, *kalt oder warm*)
le plat principal (Hauptgericht)
la salade
le fromage
le dessert
le café
le digestif (Verdauungsschnaps)

l'addition (f) (Rechnung)
demander l'addition
laisser un pourboire (Trinkgeld geben)

l'assaisonnement à table
assaisonner qc (würzen)
le sel
le poivre (Pfeffer)
saler/poivrer (salzen/pfeffern)
pimenté, e (scharf gewürzt)
l'huile (f) (Öl)
le vinaigre (Essig)

les boissons
boire (trinken)
la boisson (Getränk)
l'eau minérale (f)
le jus de fruits
la bière
le vin

les viandes et le poisson (Fleisch und Fisch)
la viande de porc/le porc (Schweinefleisch)
le bœuf (Rindfleisch)
le veau (Kalbfleisch)
la volaille (Geflügel)
l'agneau (m) (Lammfleisch)
les fruits de mer (Meeresfrüchte)

les dégrés de cuisson (Arten der Zubereitung)
saignant (blutig)
à point (medium)
bien cuit (durchgebraten)

la garniture (Beilage)
les légumes (m, pl) (Gemüse)
les pommes de terre (f, pl) (Kartoffeln)
les frîtes
le riz (Reis)
les pâtes (f, pl) (Nudeln)

4.5 Les moyens de transport

le moyen de transport (Verkehrsmittel)
la voiture (Auto)
une Renault/une Peugeot
le camion (Lastwagen)

aller ...
en voiture
en avion (fliegen)
en autobus

prendre ...
le bateau
le train
l'arrêt (m) de bus (Bushaltestelle)

le métro (U-Bahn)
la ligne
changer de ligne (umsteigen)
la station (de métro) (U-Bahn-Haltestelle)

à vélo (mit dem Fahrrad)
le VTT, le vélo tout-terrain (Mountainbike)
la mobylette (Mofa)
la moto (Motorrad)
mettre un casque (einen Helm aufziehen)

la gare (Bahnhof)
la SNCF, la Société Nationale des Chemins de fer Français *(frz. Eisenbahngesellschaft)*
entrer en gare (in den Bahnhof einfahren)
le quai (Bahnsteig)
la voie (Gleis)
le wagon
le TGV (le Train à Grande Vitesse) *(frz. ICE)*
l'horaire (m) (Fahrplan)
voyager (reisen)
le voyage en train
monter dans le train
descendre du train
rater le train (den Zug verpassen)
le départ (Abfahrt)
l'arrivée (f) (Ankunft)
passer par Paris (über Paris fahren)
composter un billet (eine Fahrkarte entwerten)

au guichet (am Schalter)
demander un aller-retour (Hin- und Rückfahrkarte)
réserver une couchette (einen Platz im Schlafwagen reservieren)
une place fumeurs (Platz im Raucherabteil)
le tarif réduit (ermäßigter Preis)
payer un supplément (einen Zuschlag bezahlen)
Le billet est valable combien de temps? (Wie lange ist die Karte gültig?)

la voiture (Auto)
être au volant (am Steuer sein)
la station-service (Tankstelle)
faire le plein (volltanken)
l'auto-école (f) (Fahrschule)
passer le code (die Prüfung über die Straßenverkehrsordnung machen)
la conduite accompagnée (das Fahren ohne Führerschein in Begleitung eines Fahrers)

en route
la route (Straße)
conduire (ein Auto fahren/lenken)
mettre la ceinture de sécurité (sich anschnallen)
la circulation (Verkehr)
l'autoroute (f) (Autobahn)
le péage (Autobahnmaut)
rouler vite (schnell fahren)
ralentir (verlangsamen)
freiner (bremsen)
le feu est au rouge (die Ampel ist rot)
s'arrêter (anhalten)
le carrefour (Kreuzung)

des problèmes en route
être en panne (eine Panne haben)
le bouchon (Verkehrsstau)
l'accident de la route (m) (Verkehrsunfall)
bloquer la rue (die Straße versperren)
rentrer dans un arbre (an einen Baum fahren)
être blessé, e dans un accident (bei einem Unfall verletzt werden)
appeler le SAMU, le Service d'Aide Médicale d'Urgence (den Notarzt rufen)
prévenir les pompiers (die Feuerwehr verständigen)

5 La société

la société (Gesellschaft)
le groupe social
le milieu
l'entourage (m) (Umgebung)
le niveau de vie (Lebensstandard)
les conditions de vie (Lebensumstände)
la richesse ↔ la pauvreté (Reichtum ↔ Armut)
être fortuné, e ↔ être dans le besoin (wohlhabend ↔ notleidend sein)
le luxe
vivre dans la misère (im Elend leben)

les problèmes sociaux
la crise économique (Wirtschaftskrise)
la chute sociale (sozialer Absturz)
le chômage (Arbeitslosigkeit)
être défavorisé, e (benachteiligt sein)
mendier (betteln)
s'aggraver (sich verschlimmern)
le/la SDF (Sans Domicile Fixe) (der/die Obdachlose)
le sans-abri (Obdachloser)
le chiffonnier (Lumpensammler)
mourir de froid/de faim (an Kälte/Hunger sterben)
le manque de (Mangel an)

être menacé, e par ... (bedroht sein von)
l'alcool (m)
la drogue
le SIDA (Aids)

les banlieues
la banlieue (Vorstadt)
l'étranger/l'étrangère (Ausländer/Ausländerin)
le Maghreb *(die nordafrikanischen Länder Tunesien, Marokko, Algerien)*
le Maghrébin/la Maghrébine
l'immigration (f) (Einwanderung)
immigrer
la culture
le beur/la beurette *(in Frankreich geborenes Kind nordafrikanischer Einwanderer)*
s'intégrer
être rejeté, e (abgewiesen werden)
refuser qn (jdn. ablehnen)
l'intolérance (f)
le fanatisme
le racisme
être raciste
être xénophobe (ausländerfeindlich sein)

les problèmes et risques de l'industrialisation
le risque (Risiko)
le bruit (Lärm)
polluer qc (verschmutzen)

la pollution ...
de l'eau (Wasserverschmutzung)
de l'air (Luftverschmutzung)
du sol (Bodenverschmutzung)

les déchets (m, pl) (Abfall/Müll)
la marée noire (Ölpest)
les pluies acides (f, pl) (der saure Regen)
la destruction de l'environnement (Umweltzerstörung)
la catastrophe nucléaire (atomare Katastrophe)

l'écologie (Ökologie)
l'écologiste (m, f) (Umweltschützer/-in)
sensibiliser qn à (empfänglich machen für)
la protection de la nature (Umweltschutz)
protéger qn/qc
lutter contre (kämpfen gegen)
faire partie d'une organisation (einer Organisation angehören)
s'engager pour (sich engagieren für)

6 L'administration et les institutions politiques en France

6.1 La politique

Les institutions

sur le plan communal
administrer qc (verwalten)
la commune (Gemeinde)
le Conseil municipal (Stadt-, Gemeinderat)
le maire (Bürgermeister)
la mairie (Rathaus)
l'hôtel de ville (Rathaus *in größeren Städten*)

sur le plan départemental
le département (Departement)
le Conseil général (Ratsversammlung des Departements; *entspricht dem deutschen Kreistag*)
le Président du Conseil général
le Préfet de département (Präfekt; *Repräsentant des Staates zur Kontrolle der regionalen Selbstverwaltung*)

sur le plan régional
la région (Region)
le Conseil régional *(entspricht dem deutschen Landtag)*
le Président du Conseil régional *(entspricht dem deutschen Ministerpräsidenten)*
le Préfet de région

la République française
le Parlement *(setzt sich zusammen aus:)*
l'Assemblée nationale (Nationalversammlung; *entspricht dem Bundestag*)
le Sénat (der Senat; *entspricht dem Bundesrat*)
le député/la députée (der/die Abgeordnete)
le sénateur (Senator)
le Gouvernement (Regierung)
le Premier ministre (Premierminister; Regierungschef)
le ministre
le Président de la République (Präsident der Republik; Staatschef)
l'État (Staat)
la Constitution (Verfassung)

la vie politique
résider à (seinen Wohnsitz haben in)
élire qn (jdn. wählen)
l'élection (Wahl)
l'électeur/l'électrice (Wähler/Wählerin)
le parti (Partei)
diriger la politique (die Politik leiten)
nommer qn (ernennen)

voter une loi (ein Gesetz beschließen)
le centralisme (Zentralismus)
la décentralisation (Dezentralisierung)
le D.O.M. (département d'outre-mer) (Überseedepartement)

des systèmes politiques
la démocratie
le totalitarisme
la dictature
l'absolutisme (m)
la monarchie
le royaume (Königreich)
le roi/la reine (König/Königin)

6.2 La loi

le système légal
la police
l'agent de police (m) (Polizist)
le policier (Polizist)
la gendarmerie *(Polizeiposten in Landbezirken)*
le gendarme

la criminalité et ses conséquences
travailler au noir (schwarzarbeiten)
voler qc à qn (stehlen)
le voleur/la voleuse (Dieb/Diebin)
le vol (Diebstahl)
Au voleur! (Haltet den Dieb!)
agresser qn (angreifen)
l'agresseur
la victime (Opfer)
la violence (Gewalt)
se mettre à la recherche de qn (jdn. suchen)
arrêter qn (verhaften)

la justice
accuser qn de qc (anklagen wegen)
l'accusé, e (der/die Angeklagte)
interroger qn (verhören)
avouer qc (gestehen)
être coupable (schuldig sein)
l'avocat, e (Anwalt/Anwältin)
le tribunal (Gericht)
le/la juge (Richter/Richterin)
juger qn (verurteilen)
punir qn (bestrafen)
la prison (Gefängnis)

7 Sciences et techniques

La recherche et les techniques

la technologie
la technologie de pointe (Spitzentechnologie)
l'équipement high-tech (Hightechaustattung)
le chercheur, la chercheuse (Forscher/-in)
la recherche scientifique (Forschung)
la recherche sur les maladies (Krankheitserforschung)
faire de la recherche (forschen)
la centrale nucléaire (Kernkraftwerk)
le progrès (Fortschritt)
l'invention (f) (Erfindung)

l'espace (m) (Weltraum)
l'univers (m) (Universum)
la recherche spatiale (Weltraumforschung)
la base spatiale (Weltraumstation)
la fusée (Rakete)

L'informatique

l'ordinateur (m) (Computer)
l'informaticien, ne (Informatiker/-in)
l'utilisateur/trice (Benutzer/-in)
brancher/allumer (einschalten)
débrancher/éteindre (abschalten)
le mot de passe (Passwort)

l'écran (Bildschirm)
la souris (Maus)
cliquer sur (klicken auf)
le clavier (Tastatur)
installer un programme
le logiciel (Software)
le fichier (Datei)
mémoriser qc (speichern)
effacer qc (löschen)
se planter (abstürzen)
sauvegarder (sichern)

l'internet (m)
avoir accès à l'internet (Zugang zum Internet haben)
l'arobase (f) (@-Zeichen in E-Mail-Adressen)
naviguer/surfer sur l'internet (im Internet surfen)

8 Die Wortbildung (la formation des mots)

BLICKPUNKT

Arten der Wortbildung

Zusammensetzungen	**Hinzufügen einer Vorsilbe**	**Hinzufügen einer Nachsilbe**
le passeport	antipathique	l'organisation (f)
le tire-bouchon	impossible	le coiffeur
la machine à écrire	l'intolérance (f)	simplement
l'auberge de jeunesse (f)	surcharger	le totalitarisme

Zusammensetzungen (les noms composés)

Wörter unterschiedlicher Wortarten werden zu neuen Substantiven zusammengefügt. Diese zusammengesetzten Wörter nennt man **Komposita.**	
■ Komposita **ohne Bindestrich:**	l'autoroute, le passeport
Sie bilden den Plural wie einfache Nomen auf *-s*. In seltenen Fällen werden die Pluralzeichen an beide Kompositionsteile angefügt.	**les** autoroute**s**, **les** passeport**s** madame, monsieur **mes**dame**s**, **mes**sieur**s**
■ Komposita **mit Bindestrich:**	
– **Substantiv + Substantiv**	le wagon-lit, le chou-fleur, le timbre-poste, la station-service
Hier verändern sich beide Teile der Zusammensetzung im Plural (↑ S. 14).	**les** chou**x**-fleur**s**, **les** wagon**s**-lit**s**
Das zweite Substantiv steht jedoch im Singular, wenn es als Ergänzung des Bezugswortes verstanden wird.	**les** timbre**s**-poste, **les** station**s**-service
– **Verb + Substantiv**	le **tire**-bouchon, l'**ouvre**-boîte, le **porte**-monnaie, le **gratte**-ciel
Der erste Teil der Zusammensetzung, das Verb, ist immer unveränderlich.	**les** tire-bouchon**s**, **les** ouvre-boîte**s**
Das Substantiv bekommt jedoch nur ein Pluralzeichen, wenn es auch im Plural existiert.	**les** porte-monnaie, **les** gratte-ciel
– **Substantiv + Adjektiv** oder **Adjektiv + Substantiv**	le coffre-**fort**, le **grand**-père
Nomen und Adjektiv stehen beide im Plural.	**les** coffre**s**-fort**s**, **les** grand**s**-père**s**
– **Substantiv + Präpositionalgruppe**	la salle **de classe,** le terrain **de camping,** la machine **à écrire,** le pain **au chocolat,** le marché **aux puces**
Nur das **erste** Substantiv (Grundwort) bekommt ein Pluralzeichen.	**les** salle**s** de classe, **les** terrain**s** de camping, **les** machine**s** à écrire, **les** pain**s** au chocolat, **les** marché**s** aux puces

Die Bildung mit Vorsilben (les préfixes)

Durch das Hinzufügen von **Vorsilben** können Substantive, Adjektive und Verben eine **neue Bedeutung** erhalten.

- Vorsilben, die eine **Stellung** oder einen **Grad** angeben, z. B. *mini-, sous-, sur-, super-, demi-, extra-,* – le **mini**tel, le **sous**-sol, **sur**vivre, le **super**marché, la **demi**-heure, **extra**ordinaire
- Vorsilben der **Ablehnung** oder **Zustimmung,** z. B. *anti-, para-, contre-, pro-,* – **anti**pathique, le **para**sol, **contre**dire, **pro**-européen
- Vorsilben, die einen **Gegensatz** ausdrücken, z. B. *in-, il-, im-, ir-, dé(s)-,dis, a-,* – **in**sensible, **il**légal, e, **im**possible, **ir**réparable, **dé**charger, **dés**agréable, **dis**paraître, **a**social,
- Vorsilben mit Bezug auf einen **Ort** oder eine **Zeit,** z. B. *après-, post-, avant-, pré-, entre-, inter-ex-, trans-,* – l'**après**-midi, **post**hume, **avant**-hier, **pré**visible, **entre**-temps, **inter**national, e, l'**ex**position, **trans**mettre
- Vorsilben, die eine **Wiederholung** oder **Veränderung** ausdrücken, z. B. *r-, re-, ré-, rétro-, en-, -em.* – **r**attrapper, **re**faire, **ré**parer, la **rétro**spective, s'**en**dormir, **em**porter

Die Bildung mit Nachsilben (les suffixes)

Das Hinzufügen von **Nachsilben** ermöglicht die Bildung von Substantiven, wobei die Endung auch Aufschluss über das **Genus** des Wortes gibt.

- Endungen, die eine **Tätigkeit** bezeichnen, z. B.
  - maskuline Endungen: *-age, -ment* – l'atterriss**age,** le déménage**ment**
  - feminine Endungen: *-sion, -tion, -ure* – la divi**sion,** l'informa**tion,** l'ouvert**ure**
- Endungen die einen **Beruf** angeben, z. B. *-eur, -euse/-teur, -trice/-ien, -ienne/-ier, -ière/ -iste* – le coiff**eur,** la coiff**euse**/l'ac**teur,** l'ac**trice**/ le musi**cien,** la musi**cienne**/le jardin**ier,** la jardin**ière**/le, la spécial**iste**
- **Verkleinernde** (diminutive) Endungen, z. B. *-ot/et, ette* – frér**ot,** Jeann**ot**/le cabin**et,** la cigar**ette**
- Endsilben zur Bezeichnung einer *Lehre,* z. B. *-isme* – le commun**isme,** le national**isme**
- Zur Bildung der **Adverbien** (↑ S. 20) benötigt man die Endungen *-ment, -emment, -amment,* die zumeist an die weibliche Form des Adjektivs angehängt werden. – heureuse**ment,** évid**emment,** méch**amment**

Register

Wichtige unregelmäßige Verben

Infinitif	Présent	Passé composé	Imparfait	Futur simple	Subjonctif présent
aller (gehen)	je vais tu vas il va ns allons vs allez ils vont	je suis allé(e)	j'allais tu allais il allait ns allions vs alliez ils allaient	j'irai tu iras il ira ns irons vs irez ils iront	que j'aille que tu ailles qu'il aille que ns allions que vous alliez qu'ils aillent
avoir (haben)	j'ai tu as il a ns avons vs avez ils ont	j'ai eu	j'avais tu avais il avait ns avions vs aviez ils avaient	j'aurai tu auras il aura ns aurons vs aurez ils auront	que j'aie que tu aies qu'il ait que ns ayons que vous ayez qu'ils aient
battre (schlagen)	je bats tu bats il bat ns battons vs battez ils battent	j'ai battu	je battais tu battais il battait ns battions vs battiez ils battaient	je battrai tu battras il battra ns battrons vs battrez ils battront	que je batte que tu battes qu'il batte que ns battions que vs battiez qu'ils battent
boire (trinken)	je bois tu bois il boit ns buvons vs buvez ils boivent	j'ai bu	je buvais tu buvais il buvait ns buvions vs buviez ils buvaient	je boirai tu boiras il boira ns boirons vs boirez ils boiront	que je boive que tu boives qu'il boive que ns buvions que vous buviez qu'ils boivent
connaître (kennen, wissen)	je connais tu connais il connaît ns connaissons vs connaissez ils connaissent	j'ai connu	je connaissais tu connaissais il connaissait ns connaissions vs connaissiez ils connaissaient	je connaîtrai tu connaîtras il connaîtra ns connaîtrons vs connaîtrez ils connaîtront	que je connaisse que tu connaisses qu'il connaisse que ns connaissions que vs connaissiez qu'ils connaissent
croire (glauben)	je crois tu crois il croit ns croyons vs croyez ils croient	j'ai cru	je croyais tu croyais il croyait ns croyions vs croyiez ils croyaient	je croirai tu croiras il croira ns croirons vs croirez ils croiront	que je croie que tu croies qu'il croit que ns croyions que vs croyiez qu'ils croient
devoir (müssen, sollen)	je dois tu dois il doit ns devons vs devez ils doivent	j'ai dû	je devais tu devias il devait ns devions vs deviez ils devaient	je devrai tu devras il devra ns devrons vs devrez ils devront	que je doive que tu doives qu'il doive que ns devions que vs deviez qu'ils doivent
dire (sagen)	je dis tu dis il dit ns disons vs dites ils disent	j'ai dit	je disais tu disais il disait ns disions vs disiez ils disaient	je dirai tu diras il dira ns dirons vs direz ils diront	que je dise que tu dises qu'il dise que ns disions que vs disiez qu'ils disent
dormir (schlafen)	je dors tu dors il dort ns dormons vs dormez ils dorment	j'ai dormi	je dormais tu dormais il dormait ns dormions vs dormiez ils dormaient	je dormirai tu dormiras il dormira ns dormirons vs dormirez ils dormiront	que je dorme que tu dormes qu'il dorme que ns dormions que vs dormiez qu'ils dorment